全国教育科学"十三五"规划 2017 年度教育部重点课题
"乡村教师激励制度研究"（DFA170293）研究成果

高慧斌 著

乡村教师激励制度研究

XIANGCUN JIAOSHI JILI
ZHIDU YANJIU

知识产权出版社

全国百佳图书出版单位
——北 京——

图书在版编目（CIP）数据

乡村教师激励制度研究 / 高慧斌著 . —北京：知识产权出版社，2020.7

ISBN 978–7–5130–6896–3

Ⅰ . ①乡…　Ⅱ . ①高…　Ⅲ . ①农村—教师—激励—研究—中国　Ⅳ . ① G525.1

中国版本图书馆 CIP 数据核字（2020）第 069830 号

内容提要

本书梳理了乡村教师激励制度的发展过程，共有 9 个省、自治区、直辖市的 8075 名乡村教师参与了本次问卷调查，50 名乡村教师接受了结构性访谈。通过分析调查的数据发现，当前乡村教师激励制度的激励水平相对偏低，且不同群体间的差异显著，应建构一个包含补偿性激励、保障性激励和发展性激励的制度结构体系，使得乡村教师自我发展与乡村教育、乡村振兴相融合，促进农村、边远地区的教育事业健康发展。

责任编辑：于晓菲　李　娟　　　　　　　责任印制：孙婷婷

乡村教师激励制度研究

XIANGCUN JIAOSHI JILI ZHIDU YANJIU

高慧斌　著

出版发行：知识产权出版社 有限责任公司		网　　址：http : //www.ipph.cn	
电　　话：010–82004826		http : //www.laichushu.com	
社　　址：北京市海淀区气象路 50 号院		邮　　编：100081	
责编电话：010–82000860 转 8363		责编邮箱：laichushu@cnipr.com	
发行电话：010-82000860 转 8101		发行传真：010-82000893	
印　　刷：北京九州迅驰传媒文化有限公司		经　　销：各大网上书店、新华书店及相关专业书店	
开　　本：787mm×1092mm　1/16		印　　张：11	
版　　次：2020 年 7 月第 1 版		印　　次：2020 年 7 月第 1 次印刷	
字　　数：180 千字		定　　价：68.00 元	

ISBN 978–7–5130–6896–3

目　录

第1章　乡村教师激励制度研究背景

乡村是中华文明的发源地，乡村教育是中华民族长盛不衰、经久不息的重要源泉，是民族振兴、社会进步的重要基石。●

乡村教师是我国教师队伍的重要组成部分之一。乡村教师群体指代一直较为宽泛，无论从国家政策角度，还是从研究者研究视角，一直存在农村教师和乡村教师相互替代，如从中华人民共和国成立以来一直到改革开放以后，直至2012年，我国出台的有关乡村教师的政策使用更多的称谓是"农村教师"，其中"农村教师"也有"大农村"的界定，包含了在县镇学校和农村学校任教的教师，这与我国一直存在的城乡二元结构有一定的关系。

我国一直重视加强农村教师队伍建设，尤其是党的十八大以来，国家确立了"五位一体"总体布局和"四个全面"战略布局，倾力追逐中华民族伟大复兴之梦。十八届五中全会进一步提出全面建设小康社会进入决胜阶段，新型城

● 教育部教师工作司组.筑梦乡村讲台奠基民族未来 [M].上海：上海交通大学出版社，2016：231.

镇化进程不断加快，到 2020 年城镇化率达到 62.62%，但乡村不会消失，乡村教育依然需要薪火相传，让乡村儿童享受到公平有质量的教育则成为建设小康社会的重要举措之一，乡村教师就成为乡村教育的指明灯，应拨亮乡村教师这盏文明之灯，用乡村教师举起的文明灯火，燃断贫困的代际传递，让乡村和城市相携走进现代中国。❶

2014 年 9 月 9 日，习近平总书记在北京师范大学视察，特别强调，教育工作的薄弱环节和短板在农村、在边远的老少边穷岛，要制定切实可行的政策措施，鼓励有志青年到农村、边远地区为国家教育事业建功立业。2015 年 6 月，我国启动实施《乡村教师支持计划（2015—2020 年）》（以下简称《计划》），《计划》明确界定了乡村教师所指，即包括全国乡中心区、村庄学校教师。本研究所指的乡村教师以此为准。

从 2014 年开始，课题组就开始开展乡村教师队伍建设研究，每年坚持一个侧重点，重点关注了乡村教师编制❷、精准支持乡村教师❸❹、乡村教师培训❺、乡村教师职称改革❻、乡村教师队伍建设难点❼等问题，经过连续几年的梳理、挖掘，我们发现对乡村教师的有效激励可以吸引优秀人才到乡村学校从教，可

❶ 李泓冰 . 拨亮乡村教师这盏文明之灯 [N]. 人民日报, 2015-04-07.
❷ 高慧斌 . 城镇化进程中如何留住农村教师 [N]. 中国教育报, 2014-12-26.
❸ 高慧斌 . 向乡村教师精准倾斜路在何方 [N]. 中国教育报, 2016-04-21.
❹ 高慧斌 . 乡村教师队伍建设喜忧参半 [J]. 中国民族教育, 2016（12）: 61.
❺ 提高乡村教师远程培训获得感—— 一项基于乡村教师远程培训效果及影响因素的调查分析 [N]. 中国教育报, 2018-01-04.
❻ 高慧斌 . 乡村教师职称（职务）评聘制度演变及改革策略 [J]. 当代教育科学, 2017（1）: 17-21.
❼ 中国教育科学研究院课题组 . 乡村教师队伍建设的成效与困难——一项基于中西部五省区乡村教师队伍的调查 [N]. 中国教育报, 2018-07-10.

以有效提高乡村教师教学能力，可以让乡村教师获得感不断增强。基于此，我们试图通过以调动乡村教师的积极性为出发点，遵循符合人的心理与行为活动的客观规律，融合管理与心理学方面的专业理论，探索乡村教师需要引发动机、动机引发行为，行为又指向乡村教师自我发展与乡村教育、乡村振兴相融合的目标。2017 年，我们申报并获得通过全国教育科学规划教育部重点课题"乡村教师激励制度研究"（课题批准号：DFA170239），自此着手开展乡村教师激励制度研究。

第2章　乡村教师激励制度研究进展

我们以中国期刊全文数据库和重点研究农村教育、农村教师的知名学者论文及著作为载体，以"教师激励""农村教师激励""乡村教师"为检索词，梳理后发现：对乡村教师激励的学术研究是从关注教师激励的有效性开始的，并随着国家政策重点关注乡村教师逐步开始转移过来，呈现以下态势。

一、教师激励研究

教师激励机制受到研究者的普遍关注。对教师激励制度的关注主要源于"建立教师激励制度有助于提高教师的综合素质，充分发挥教师的作用，最大限度地调动教师工作的积极性"受到普遍认可。从1980年1月至2019年6月，研究教师激励的论文达到1465篇，从最初每年的十余篇，增加到最近每年200余篇，其中硕士学位论文 430 篇，博士学位论文 24 篇。但值得注意的是，95% 的研究关注重点为高校教师，并主要是以高等学校为出发点，建立教师激励制度，并认为教师激励主要通过提高待遇、职称倾斜等途径予以实施。

有关中小学教师激励研究，研究者从中小学教师管理视角，提出教师激励策略，如施文龙和吴志宏针对中学教师需要满足水平的现状，提出："中学管理者要运用激励的系统策略、权变策略、发展策略，以全面提高学校管理的效益。"❶高洪源指出："教师激励中的知识与文化，体现着对教师个人和教师职业的尊重和信任，通过管理活动，在组织内部促进各个部门和个人创造、掌握知识并实现全局性的分享，从而实现知识的价值提升，进而激励教师。"❷也有研究者从素质教育的内涵开展教师激励研究，阐述中小学教师激励机制在素质教育发展中的重要性，以及目前中小学教师激励机制中存在的问题，并从运用多种有效的激励、建立有效的考核规则、营造良好的工作氛围和人文环境、强化培训工作等方面提出了中小学教师激励机制的途径和方法。❸有研究者提出：构建教师激励机制属于教师激励策略研究，可从内在和外在两方面推动，内在即从激励教师工作积极性的内在动机为基础构建教师激励机制，强调关注教师个体的内在需要，引发教师工作的兴趣、动机；外在即关注教师工作的宏观环境和微观环境，学校管理者的主要任务是完善各种规章制度，加强管理。❹

---

❶ 施文龙，吴志宏. 中学教师的需要现状和中学管理的激励策略研究 [J]. 教育理论与实践，2001（2）：17-21.

❷ 高洪源. 知识管理与教师激励 [J]. 中国教师，2007（1）：4-7.

❸ 丁晶. 基于素质教育的中小学教师激励机制研究 [J]. 基础教育研究，2018（16）：7-8.

❹ 夏雪，杨跃. 新世纪以来我国中小学教师激励研究的文献计量分析 [J]. 亚太教育，2015（29）：235-236.

当前教师激励存在的问题也成为研究者关注的重点，通过发现问题，提出教师激励的策略与建议。有研究者认为：我国一些中小学的教师激励面临激励理念异化、激励主体单一、激励方法偏失等困境，影响了教师的工作态度和教学效果，不利于中小学教育的健康发展。走出教师激励的困境，就要重构"以人为本"的教师激励理念，实现教师激励主体的多元化，国家、社会、学校、学生以及教师自身都要重视对教师的激励，正确诱导教师的工作动机，匡正中小学教师激励方法的偏失，以唤醒教师的教育热情，并帮助教师把这种教育热情保持和发扬下去。也有研究者认为：当前对中小学教师的激励过于重视物质激励，忽略情感激励，激励过程中群体差异性较小，建议采用物质刺激和精神激励相结合、优化激励过程、建立有效的人才竞争机制，提升激励水平。❶还有研究者提出：目前的教师激励存在三大困境：激励少数与激励多数的关系难题，物质激励与精神激励的双向矛盾，以及竞争排斥与激励相容的理念分歧。为此应激励困局，应适切地推动由激励教师个体转向激励学校组织，由单向目标激励转向精准分类激励，以及由外部奖赏激励转向优势欣赏激励等的激励理念转向。因循理念，优化教师激励策略包括：一是精准识别教师需求与科学设计激励标准；二是强调层级递进激励与构建全面激励体系；三是学校组织激励与教师自我激励的并置同构。❷

❶ 罗明丽. 中小学教师激励问题与对策研究 [J]. 科技广场, 2008（11）: 155-156.
❷ 周兆海, 邬志辉. 教师激励的理念转向与策略优化 [J]. 教育科学, 2019（1）: 63-67.

二、乡村教师激励理论研究

乡村教师激励主要伴随国家政策的出台逐步进入研究视野，且不断在理论支持上进行探索，并与实证研究紧密结合。目前研究乡村教师激励可以有效利用并加以分析的研究成果并不多，仅有 21 篇，主要呈现以下态势。

（一）"以县为主"管理体制推动教师激励研究

21 世纪以来，基于"以县为主"管理体制的确立，有学者提出了如下建议。安雪慧提出"合理安排和调整'以县为主'管理体制下的教师评价和管理制度；提高乡村学校在教师考核的重要性和比例，鼓励乡村学校对教师实施客观、公正、民主的教学考核及激励机制，着重关注如何科学合理地制订教师考核指标的问题。"❶ 李小土等通过对西部 20 个县 50 个乡镇调查提出：不同的人事权力结构下对教师的激励效果不同，相对而言，"学区主管"以及"乡镇主管"类型的学区的教师激励机制优于"县主管""学区和乡镇共管"以及"教育局和乡镇共管"类型的学区，尤其"学区主管"模式的绩效较突出。❷

（二）研究方法的科学性不断提高

研究者侧重于将激励理论与农村中小学教师激励制度相结合，探讨乡村中

❶ 安雪慧，刘明兴，李小土.农村教师评价体制变革中的教师激励机制 [J]. 中国教育学刊，2009（10）:1-4.
❷ 李小土，刘明兴，安雪慧."以县为主"背景下的西部农村教育人事体制和教师激励机制 [J]. 教师教育研究，2010（3）：49-55.

小学教师激励的机制、策略、措施和方法，这方面的研究以高校硕士论文、博士论文居多。如吉同权借鉴需要层次理论、双因素理论、ERG 理论（生存、相互关系、成长三核心需要理论）、麦克利兰的成就需要理论、目标设置理论、强化理论、公平理论、期望理论等，以及同步激励理论、全面激励理论等，提出激励要根据农村中小学教师的需求来进行；激励既要讲究全面性，又要分清重点、主次，注意因人而异，因时因地而异；在激励中要以奖为主，奖罚结合；职业自身所包含的激励因素是教师激励的重要组成部分等。❶ 王慧依据马斯洛的需要层次论、赫兹伯格的双因素理论、西方的人性假设理论对四川省某县某中学做的实地调查提出建立适合乡村中学特点的薪酬激励机制，以及建立精神激励机制、建立乡村中学教师培训晋升机制、建立乡村中学教师评价机制、建立乡村中学教师参与学校管理机制等，满足乡村中学教师的高层次需要。❷ 王炳坤借鉴西方的激励理论，认为："从组织的视角考察，农村中小学教师激励现状源自农村中小学的管理制度，而从教师个人来考察，教师的特性是影响激励制度的重要因素。在对乡村中小学教师进行激励时，乡村教师会有着不同于一般的价值追求，这与教师的人力资本特征是分不开的，乡村中小学教师人力资本的特征是经济收入不是激励他们的唯一原因，但又是不可或缺的因素，向激励制度提出了不同于一般领域的要求。"❸

---

❶ 吉同权 . 农村中小学教师激励策略研究 [D]. 重庆：西南大学，2008.
❷ 王慧 . 以人为本的农村中学教师激励机制的建构 [D]. 成都：四川师范大学，2010.
❸ 王炳坤 . 农村中小学教师激励研究 [D]. 长沙：湖南师范大学，2008.

（三）从乡村中小学教师劳动特点、职业特点出发探讨农村教师激励

在对乡村中小学实证调查研究的基础上，以提高乡村办学经费和加强农村教师培训为策略，结合管理学、教育学、心理学、教育经济学、公共经济学等多学科，提出相应的激励措施和策略。这类学者的观点主要集中在提高乡村基础教育经费投入、完善教师评价和聘任晋升制度，重视、提高培训效率，重视教师在学校管理中的作用。如曾小娟通过调查研究发现：乡村中小学教师人力资源开发主要存在教师人力资源规划缺乏、教师招聘流于形式、教师培训经费不足、缺少培训效果评估、教师考核欠科学、教师激励机制不完善等问题。建议树立以教师为本的乡村中小学人力资源开发理念、制订中小学教师人力资源规划、打破校际界限进行教师招聘并规范招聘程序、多渠道筹集培训经费、提高培训效率、建构发展性教师评价体系、完善激励机制等。❶也有研究者认为，我国乡村中小学教师激励面临薪酬激励不合理、激励机制缺少公平、激励方法缺少科学性、缺乏有效的竞争机制、评价机制不完善等问题。基于上述问题，通过建立合理的薪酬机制、优化公平的环境、完善教师聘任和职称评定制度、采用个体激励与团体激励相结合、绩效与工资相结合、实行多元评价等路径和方法，调动乡村中小学教师的积极性。❷

---

❶ 曾小娟.农村中小学教师人力资源开发调查研究 [D].长沙：湖南师范大学，2009.
❷ 邵丹.农村中小学教师激励机制问题研究 [J].学周刊，2015（31）：193.

三、乡村教师激励现状研究

推进实施乡村教师队伍建设的相关政策，以及研究农村教育知名学者的研究方向、发达国家在欠发达地区实施教师激励制度体系，为我国乡村教师激励制度研究提供引领。

2010年，《国家中长期教育改革和发展规划纲要（2010—2020年）》规定："以农村教师为重点，提高中小学教师队伍整体素质。"自此，连续5年，有关乡村教师队伍建设的政策文件密集发布，如2012年，《关于大力推进农村义务教育教师队伍建设的意见》；2013年，《关于落实2013年中央1号文件要求对在连片特困地区工作的乡村教师给予生活补助的通知》；2015年《乡村教师支持计划（2015—2020年）》，截止到2016年1月25日，全国（不包括港澳台地区）23个省、5个自治区、4个直辖市的地方性实施办法已全部出台，有些省份直接提出"建立乡村教师激励机制"。可见，旨在加强乡村教师队伍建设，缩小城乡师资水平差距，提高乡村教育质量的政策体系初步建立。知名学者的研究通常与政策走向相一致，且以问题为导向，并通过采取以下激励制度重点加强乡村教师队伍建设。

（一）以提高经济待遇为主的生活保障激励

范先佐在对湖北、江西、山西、云南4个省部分县市乡村学校进行调查后发现："教育现代化短板在乡村，而制约乡村教育发展的根本问题在教师，发展乡村教育的关键是要提高教师的经济待遇。实行省级统筹，建立乡村学校教师工资保障机制；加大绩效工资、津贴补贴；健全乡村教师社会保障制度，让乡村教师成为令人羡慕的职业。"❶ 袁桂林提出："不能让农村教师永远做苦行僧。农村教师也有与其他职业者同样的物质需求和精神追求。建议国家制定针对农村教师的工资待遇、住房购置等一系列有吸引力的政策措施，鼓励教师到农村学校工作。"❷ 郑新蓉在贵州、云南、河北、四川等省份采集了大量有关新生代乡村教师的数据，分析发现："新机制招聘的乡村新教师来源广泛，学历更高，大部分在最艰苦的地方任教，虽然相对于老一代土生土长的乡村教师，新生代乡村教师的工资收入提高了不少，但仍呈现总体偏低的现状，无法满足教师日常消费与支出，部分地区甚至出现入不敷出的现象。建议：建立多种类型的津补贴制度，大幅度提高农村地区，尤其是边远高寒贫困地区的教师待遇；建立中央统筹、地方协调的专项经费，给予乡村地区多种类型的津补贴政策，以补贴乡村教师的机会成本，发放定期体检补贴、交通补贴、日常餐费补贴、通讯补贴、育儿补贴等；实施'安居工程'和'周转房'制度，为青年教师提供免费租赁、功能齐全的'教师之家'。"❸ 陈如平认为：多方面保障乡村教师生活水平，增强农村教师岗位吸引力，是一项艰巨的任务。乡村教师收入微薄、待遇普遍较低是突出问题。经济收入决定社会地位，因此要对乡村教师进行经济奖补，着力解决其待遇问题。随着国家和地方经济的快速发展，还可以加大补助力度，提高补助标准。此外，对长期任教的乡村教师，应建立奖励机制。建

---

❶ 范先佐.乡村教育发展的根本问题 [J].华中师范大学学报，2015（5）：146-154.

❷ 袁桂林.没有待遇的提高就谈不上尊重 [N].中国教师报，2015-04-08.

❸ 郑新蓉，王成龙，熊和妮.中国新生代乡村教师调查 [N].中国教师报，2015-9-9.

议仿照各地施行多年的奖教金制度，国家和地方设立"乡村教育贡献奖"，对乡村教师按照连续从教时间，实行一次性奖励，通过更加完善的奖励补助政策吸引优秀教师到乡村学校（教学点）长期任教。❶储朝晖认为，就基本权利而言，乡村教师工资待遇偏低成为当前比较突出的问题。一些地方出现了乡村教师工资大幅低于当地城镇教师工资水平的现象。如果横向比较，一些地方在编的乡村教师工资收入低于当地村民外出务工人员的平均工资收入。再加上农村教师生活不便，农村留守儿童多，工作时间长，压力大，需要承担比城里教师更多的非教学职能和责任。因此，改善乡村教师的物质待遇成为迫切之举。❷熊丙奇认为，乡村教师的工作环境更艰苦，应该大幅提高乡村教师工资待遇，高于县镇教师工资。而要大幅提高乡村教师待遇，只靠县级财政统筹很难实现。在解决乡村教师待遇问题时，我国应该立足于加大中央财政转移支付，强化省级财政统筹，建立新的保障机制。❸刘善槐等通过调查研究发现，当前乡村教师的综合待遇并未充分凸显这些效用：不完善的综合待遇结构与乡村教师的教育贡献难以匹配，模糊化的生活补助标准未能充分体现不同偏远艰苦地区教师的待遇差异，无显著差异的绩效工资导致校内微观激励不足。建议：健全劳动定价机制，确保乡村教师能够获得体面的待遇；建立差异化的补偿机制，增强偏远艰苦地区乡村教师的获得感；改进微观激励机制，为乡村教师营造积极向上的工作氛围。❹

❶ 陈如平. 除了鲜花掌声，我们怎样感谢乡村教师 [N]. 中国教育报，2014-03-24.

❷ 储朝晖. 保障尊严是给乡村教师最美礼物 [N]. 中国教育报，2015-09-11.

❸ 熊丙奇. 提高乡村教师待遇不能只靠县财政 [N]. 中国青年报，2016-07-13.

❹ 刘善槐，李梦琢，朱秀红. 乡村教师综合待遇的劳动定价、差异补偿与微观激励研究 [J]. 东北师范大学学报（哲学社会科学版），2018（4）：183-189.

（二）以提高乡村教师社会地位和职业地位的激励

为了吸引更多的毕业生到乡村学校任教，为了留住已在乡村学校任教的教师，研究者认为，除了不断提高基本经济待遇，更为重要的是要不断提高乡村教师的社会地位和职业地位。顾明远认为乡村学校留不住教师的原因主要在于两个方面：一是地位，一是待遇，并提出："一方面，全社会都要尊重教师、相信教师；另一方面，教师自身要提高水平，让教育真正成为光荣的事业，让教师成为幸福的职业。"❶邬志辉对全国 11 个省 23 个区县 185 所中小学的 5900 名教师和 8 所师范大学的 5898 名大学生调查发现："吸引优秀人才去农村当老师，至少需要增强乡村教师的职业吸引力量、职业保健力量和社会促动力量。"可以通过实施"全面薪酬"改善乡村教师的综合待遇（不仅包含经济收入层面，还包括公共性福利提供、工作环境满意度、人际契合度、非物质性福利、可持续性专业化发展平台提供、学历与职称晋升的优先性畅通机制、子女在受教育和升学中的政策优惠、工作成就感与价值实现等）、全社会要形成真正尊崇乡村教师的日常氛围、建立乡村教师"能进能退"的流动机制。❷唐松林认为："乡村教师作为乡村中的知识分子，具有专业性与公共性的双重属性。他们曾在教书育人、传承文化、引进思想、开启民智、冲破旧制、领导革新等方面发挥过重要作用。然而，在现代文明中，乡村教师被纳入一个片面强调其专业性的发展模式。这一模式使乡村教师远离自我，远离乡土文化的根基，从而导致其专业性与公共性的双重失落。重新发现促进乡村教师发展的契机，须强调乡村教师

---

❶　顾明远 . 乡土文明繁荣关键在乡村教师 [N]. 中国教师报，2015-12-30.
❷　邬志辉 . 让乡村教师职业"香"起来 [N]. 中国教育报，2014-10-21.

与社会理想的关系，立足其当下生存环境，提倡精神自治并建立相应的集体保护机制。"❶ 也有学者从职业认同感的角度提出："乡村教师的职业认同感低成为一个普遍现实。而职业认同感是乡村教师队伍建设中的'本'，生活待遇、编制标准、职称倾斜等外围条件的改善只是乡村教师队伍建设的'标'，并不能从根本上让乡村教师扎根乡村教育。乡村教师队伍建设的'根本'在于提高乡村教师职业认同感，在于创造条件让乡村教师实现自己的人生价值。应构建以政府外围支撑为基础，以高校师资培养培训为重点，以乡村文化为载体，以媒体宣传为辅助，以乡村教师为中心的五位一体的良性循环系统。"❷ 赵鑫从民族地区乡村教师的视角认为，乡村教师乃乡村教育之本，乡村教师职业吸引力作为吸引人才就业、促进教师安业与乐业的力量，既是民族地区乡村教育亟待弥补的"短板"，也是民族地区乡村教育振兴的"着力点"。当前，民族地区乡村教师存在贤才难招、贤才难留以及英才难育等问题。为此，民族地区乡村教师职业吸引力的提升应针对当地乡村教育的特殊需要，以"专业""法治""民生"和"系统"等理念为导向，采取多元联动的措施提升乡村教师职业供给力、增强乡村教师职业保障力、提高乡村教师职业发展力，确保民族地区乡村教师"引得来""留得住"并"教得好"。❸ 有研究者基于ERG激励理论视角认为，提升乡村教师的专业地位和政治地位，应重视乡村教师的专业专项和科研能力的培训，提升其专业技能，不能将培训仅仅停留在看似"高大上"的思想道德培训上，只有增强了乡村教师的专业地位，才可能进一步地提升乡村教师的威望；另外，

---

❶ 唐松林.理想的寂灭与复燃：重新发现乡村教师[J].中国教育学刊，2012（7）：28-31.

❷ 王鉴，苏杭.略论乡村教师队伍建设中的"标本兼治"政策[J].教师教育研究，2017（1）：29-34.

❸ 赵鑫.民族地区乡村教师职业吸引力提升的理念与路径[J].教育研究，2019（1）：131-140.

应进一步建设乡村学校，特别是在软件方面，同时给予乡村教师参与更多的社会事务的机会，在政治领域发挥一定的作用，从而提升其政治地位，这样乡村教师的社会需求就能得到满足。❶

（三）促进乡村教师与乡土文化的融合与延续的激励

乡村教育的发展更需要乡村教师融入乡村文化。容中奎认为："乡村教师是乡村学校重建的主体力量，尽管在当前我国乡村教师发展过程中存在诸如质量、待遇、职责等多种问题，但上述仅为表象，其更为深层的缘由却是日益增长的乡村教师身份认同危机。在他者规训异化与自我统整迷失的双重交构下，乡村教师的文化符号象征意义几近丧失、内在根本质素被否定、社会身份角色日益游移不定。为确保乡村学校教育教学活动的有序开展，有必要从外塑和内砺两方面加强乡村教师的身份角色认同感，确保其在地域、身份、价值取向上得到有效归属。"❷唐松林认为："乡村教师之于乡村的知识分子身份，随着现代文明与教师专业化的发展而日渐式微：其'知识者'角色正在弱化，其'文化人'身份正在消失，其'政治精英'地位正在旁落；他们在追逐与城市教师趋同的专业化过程中，其创造力、判断力与反思力等均在发生全面退化。帮助乡村教师回归内心，融入生活，回归乡土，是回归乡村教师知识分子身份与促进

---

❶ 左小娟，刘兴凯 . 提升乡村教师职业吸引力的激励措施研究——基于 ERG 激励理论视角 [J]. 教育导刊，2016（7）：75-77.

❷ 容中逵 . 他者规训异化与自我迷失下的乡村教师——论乡村教师的身份认同危机问题 [J]. 教育学报，2009（5）：83-88.

其专业化发展的重要力量源泉。" ❶ 赵鑫提出："乡村教师的乡土情感有着较强的指向性和附着力，能够促使乡村师生对教育目标不懈奋斗，以此形成对乡村教育发展的推动力。乡村教师以乡土情感为价值载体，引领学生并激励自身参与乡村社会改革事业和新型城镇化建设，而有了乡土情感的推动，人们才会在乡村教育和乡村社会的相关实践活动中同呼吸、共命运。强化乡村教师乡土归属感，加强教师情感修养机制，激发自身乡土责任感。" ❷ 李金奇通过以湖北省黄冈市、鄂州市、荆州市、宜昌市的农村教师为例，发放并回收有效问卷 4434 份，同时，为了调查农村教师的社会认同度，还对湖北省部分师范院校和 "211 工程" 大学的学生进行就业意向问卷调查，发放并回收有效问卷 1236 份，并对部分乡村村民进行了调查和访谈，认为："农村教师的身份经历了由政治身份向专业身份的演变。文化资本与超负荷的工作承载使农村教师的自我认同度和社会认同度不高，直接影响到教师职业文化的继承与传递。政府要采取措施，实施均权的身份政策，尤其要通过提升农村教师的社会地位来提升农村教师的身份认同感。" ❸

（四）加强乡村教师的综合激励

人的社会性是人的高级属性，在满足基本生活需求的基础上，会有进一步的高级需求。张洪萍认为，在促进城乡教育均衡发展的趋势下，促进教师成

---

❶ 唐松林，丁璐.论乡村教师作为乡村知识分子身份的式微 [J]. 湖南师范大学教育科学学报，2013（1）：52-56.

❷ 赵鑫.镇化进程中乡村教师乡土情感的缺失与重塑 [J]. 西南大学学报，2016（2）：90-96.

❸ 李金奇.农村教师的身份认同状况及其思考 [J]. 教育研究，2011（11）：34-38.

长、提升教师专业水平是实现城乡教育均衡发展的重点。促进教师成长，了解
其成长需要并建立相应的激励机制就显得十分必要。提高收入、受到尊重、在
工作中有所成就和拥有轻松的心情成为当前乡村教师最为凸显的需要，分别体
现了乡村教师在物质、情感和精神等方面的需求。为了进一步促进乡村教师自
觉学习，自主成长，其激励机制尚须进一步提高工资、加大绩效奖励和乡村教
师津贴；根据乡村教师的实际需要提供专业培训；进一步增加乡村教师荣誉项
目以及完善民主管理机制。❶ 有研究者认为，当前对乡村教师的激励重物质激
励，轻精神激励，重外部激励、轻内部自我激励，应注重物质激励与精神激励
相结合，摒弃"经济人"假设的思想，在运用工资、奖金等经济手段和方式激
励教师的同时，还要满足教师情感、发展、成就等较高层次的需要，以调动广
大教师的积极性。同时，优化激励过程，充分考虑教师的个体差异，实行差别
激励。并根据教师劳动的特点，科学、全面地评价教师劳动的价值、成果和贡
献。❷ 有研究者认为，乡村教师作为具有一定文化素养和知识水平的群体，他
们在满足基本生理需求后通常会更加注重高级心理需求的满足，他们固然追求
物质条件的改善和薪资待遇的提高，但高级心理需求的满足对乡村教师而言更
具有激励性。因此，社会人视角下激励乡村教师的可为之策可从自我实现：扭
转乡村教育中的"离农"倾向；职业认同：重塑乡村文化价值；社区融合：走
出校门、走向乡村社区，加强与乡村社区的融合，培养乡村教师在乡村学校的
归属感；成果驱动：赞赏和鼓励优秀乡村教师等方面着手。❸ 王鉴认为，乡村

---

❶　张洪萍.基于成长需要的湖南省乡村教师激励机制的现状与对策 [J]. 湖南第一师范学院学报，2018
　　（6）：53-60.

❷　张楠.农村中小学教师激励机制存在问题与对策的研究 [J]. 课程教育研究，2012（8）：115-116.

❸　彭冬萍，曾素林.社会人视角下乡村教师激励之可能与可为 [J]. 教育理论与实践，2018（16）：35-39.

教育问题错综复杂,教育政策只有与实际问题相吻合了,才能有效实施。重"标"轻"本"是当前乡村教师队伍建设的症结所在,其中改善条件与待遇是"标",形成乡村教师的职业认同感才是"本"。乡村教师队伍建设的"根本"在于提高乡村教师职业认同感,在于创造条件让乡村教师实现自己的人生价值。构建以政府外围支撑为基础,以高校师资培养培训为重点,以乡村文化为载体,以媒体宣传为辅助,以乡村教师为中心的五位一体的良性循环系统,从而形成"标本兼治"的乡村教师队伍建设政策体系,才能有效地解决农村教师队伍建设问题。❶有研究者认为,认同感不仅是乡村教师留下来的前提,而且是他们职业坚守的内在动力。认同感能促进乡村教师对教育的忠诚,激发他们的教学热情,充实他们的教育智慧。可以通过以下途径加强乡村教师的认同感:回归教育本源,能催生农村教师的归宿感;发挥农村教师的自我效能,能使其体验成就感;践行社会主义核心价值观,能提升农村教师的认同感,激发乡村教师职业坚守的内力。❷

(五)发达国家乡村教师激励制度的经验与启示

发达国家针对欠发达地区的教师激励制度已初步建立,尽管我国的"乡村"概念与国际社会略有不同,但他们针对乡村教师建立激励制度的经验可为我国提供借鉴。

发达国家为了提升欠发达地区教育质量,不断加强这些区域教师队伍建

---

❶ 王鉴,苏杭.略论乡村教师队伍建设中的"标本兼治"政策 [J].教师教育研究,2017(1):29-34.

❷ 朱兴国.认同感:乡村教师职业坚守的内力 [J].教育评论,2016(4):13-16.

设，但还是存在教师工资偏低、工作条件差、流失率高、培训体系不完善等问题。为了改善这些问题，美国各级政府、相关研究机构和学者对此进行了深入探索和研究，并提出了一系列农村教师补充策略，如："许多州都采用了'家乡教师项目'，目的是为了扩大农村教师队伍的数量而通过发展本地的人才来进行。从农村地区选拔愿意留在农村学校从教的学生到当地进行学习，学生毕业之后，回到自己家乡的农村学校任教。"❶ "通过学校自我提升增强对优秀教师的吸引力；通过学校或所在社区培养自己的教师；依靠特定计划或者项目招聘教师；寻求所在社区、其他地区、大学及州在政策等方面的支持；应用多样化且适当的招聘策略等。"❷ 美国各州也根据自己的实际情况实施了相对应的经济激励，例如：密西西比州实施了为到农村从教的学生提供贷款支付的项目和雇主帮助教师住房的项目。联邦政府也规定为了能让更多优秀教师到农村学校工作，提供住房补助、定居补助等。❸ 另外，美国部分州也从乡村社区促进教师专业发展方面提出区域性组织应经常举办学术交流会议，以弥补乡村教师在大型学术会议中的缺席，加强乡村教师与当地组织的合作，以促进学者型教师的形成。❹

　　提高工资待遇是发达国家提高乡村教师职业吸引力最强有力的举措。如日本，对于一些欠发达地区的乡村教师主要通过工资待遇、职称晋升、师资管理和进修深造四大方面来加强队伍建设，其中，工资待遇与城市教师一样，额外还有诸如交通费、家属费等因人而异的各种津贴。21 世纪以后，日本的城镇化率已超过

❶ 付淑琼 . 美国州政府的农村教师保障政策研究 [J]. 比较教育研究，2012（2）：65-69.

❷ 郭贵周 . 美国农村教师短缺困境及其补充策略 [J]. 比较教育研究，2012（6）：87-91.

❸ 彭丽媛 . 21 世纪初美国农村学校师资保障策略研究 [D]. 北京：首都师范大学，2013.

❹ MIGLIACCIO，MURPHY. Do regional associations meet the career needs of teacher- scholars？ [J]. The American Sociologists，2014，45（2）：274- 291.

90%，经验丰富的教师不愿留在生源稀少的乡村，教学质量较以往有所下降。面对这一困境，日本政府加大了对乡村地区学校的教学投入，着重提高乡村教师的生活待遇。例如，为乡村教师建造教职工宿舍和住宅。其中，宿舍分配给教师居住，无偿使用或收取少量租金；住宅以低廉的价格出售给教职工。❶ 澳大利亚也是城市化率非常高的国家之一，依然有不足 10% 的人口居住在沙漠化或半沙漠化的内陆地区。为缓解这些地区乡村师资短缺的问题，澳大利亚政府一方面通过提升乡村教师待遇提高乡村教师职业的吸引力，如新南威尔士州乡村教师每年最高的岗位补助为 5000 澳元，而条件较艰苦的西澳大利亚州乡村教师的岗位补助则从 5000~13730 澳元不等。乡村教师每年还可获得高达 20870 澳元的专项津贴；另一方面通过建立学校组织环境，加强教师共同体建设来消除乡村教师孤立感。❷ 俄罗斯也非常重视乡村教师的生活保障，2010 年，联邦政府发布《关于教育工作者社会保障措施的俄联邦法案修正案》规定，在乡村地区生活和工作的教师享有免费的住房、照明及取暖等保障措施；各项措施将惠及教师的所有家庭成员，不论其劳动能力如何；各项措施的经费支出由俄联邦政府保障，各联邦主体在任何情况下都不能降低为乡村教师所提供的福利待遇。❸

有些发达国家在针对欠发达地区教师建设中，不仅仅通过提高待遇来增强乡村教师吸引力，有的甚至专门实施乡村教师职前培养政策，如加拿大不列颠哥伦比亚省，早在 1982 年，就在维多利亚大学和不列颠哥伦比亚大学实施了五

❶ 闻竞. 日本乡村教师的师资保障机制 [N]. 学习时报，2015-12-24.

❷ 乔雪峰，杨佳露，卢乃桂. 澳大利亚乡村教师支持路径转变：从"不足模式"到"拟合模式"[J]. 比较教育研究，2018（5）：26-32.

❸ 刘楠，肖甦. 21 世纪以来俄罗斯推动义务教育城乡均衡发展的政策述评 [J]. 比较教育研究，2011（8）：70-74.

年制乡村小学教师培养项目，专门为那些有兴趣在乡村学校任教的学生设置特别的培养方案。❶ 这个项目的基本特征是在乡村边远学校和社区的实地体验。❷ 其具体培养内容包括两年大学学习和两年在乡村或边远地区生活与教学的体验，最后为了获得教育学士学位完成第 5 年的学习。在前两年的校园生活中，他们可以适应大学生活，同时评估自己是否真的想成为教师。该项目为学生到乡村和边远学校任教，感受乡村教师的职业生活做了充足准备。参加这个项目的毕业生，在乡村学校任教时，便会有更大的信心。❸ 如俄罗斯，其教师教育的主体是 20 所师范大学、78 所师范学院，同时依托一些综合性大学培养师资。一些高校关注乡村教师教育，主要为乡村学校培养师资，这些院校有位于比斯克、巴尔瑙尔、斯摩棱斯克、乌里扬诺夫斯克等州（共和国）的师范大学，伊尔库茨克州立大学，以及位于阿尔扎马斯、布良斯克、叶拉布加、奥廖尔、舒亚和斯捷尔利塔马克等州（共和国）的师范学院中 10 所师范院校（占全部师范院校的 10.2%）和 1 所综合性大学。这些学校招收了高比例的乡村学校毕业生，并期望他们完成学业后回到乡村学校任教。比如，为乡村学校培养师资是比斯克州立师范学院的重要战略任务之一，1997—1999 年，分别有 59.8%、63.4%、65.8% 的毕业生到乡村学校任教。❹ 这种专门化的乡村教师教育更能够关注到乡村教育的特殊性，培养出更适合、更适应乡村教育的教师。

---

❶ CROSS，MURPHY. A new canadian teacher education programme for rural teachers [EB/OL].（2017-05-13）[2019-11-01]. http://files.eric.ed.gov/fulltext/ED302377.pdf.

❷ MURPHY，CROSS. Preparing teachers for rural schools : a canadian approach [J]. Rural Educator，1990，11（3）：10-11.

❸ 同❶.

❹ SINAGATULLIN. Expectant times : rural education in russia [J]. Educational Review，2001，53（1）：37-45.

为提高欠发达地区教育质量，一些发达国家基本建立起相对完善的教师激励制度，不仅仅以提高待遇和生活水平来提高欠发达地区教师的工作热情，更注重为这些老师提供更小的班级规模、更少的教学时间、更好的职业成长、文化认同和社会贡献。俄罗斯的那西布勒乌·拉姆斯（Nasibullov Ramis）等人从乡村学校对乡村社会的促进作用角度，在分析自身智力潜能及人力潜能的基础上，提出乡村学校和乡村教师应成为乡村社会发展潜在的智力资源及人力资源，教师和学生都应对当地的农业发展有所贡献，并勾勒出了具体的操作模型。❶

基于发达国家针对欠发达地区学校教师发展的策略，我国学者认为可以通过以下方式完善我国乡村教师支持政策，"优化经济激励，提高激励有效性；明晰对象和内容，实现培养专门化；选拔优秀学生，注重职后发展；调动多方力量，共担补充责任。"❷ 也有研究者建议："各级政府应加大对农村教师的财政支持力度、建立多层次激励保障机制，提高农村教师的职业幸福感、给予农村教师更多的发展机会，促进农村教师的自我发展。"❸ 还有研究者提出："把乡村教师的职前培养作为一种国家战略，提供培养的多元化支持，包含建构乡村教师职前教育的有关国家标准、设置'乡村教学'国家专项奖学金、专项资助师范大学生到乡村进行教育实践、加强政府主导的乡村社区、大学、中小学等多方伙伴合作；变革乡村教师职前培养模式，增强乡村教师培养的针对性，包含改变职

❶ RAMIS, OLGA, NUR-GALI. Rural school as a resource for the intellectual and labour potential formation of the rural society [J]. International Journal of Environmental and Science Education, 2016, 11（3）：119- 128.

❷ 李静美，邬志辉 . 乡村教师补充策略的国际经验与启示 [J]. 比较教育研究，2018（5）：3-12.

❸ 付建军 . 美国农村教师队伍建设的现状、路径和启示 [J]. 当代教育科学，2011（11）：35-37.

前教师教育课程结构，增设有关乡村的'三维'课程、改变传统教育实践模式，让学生深入乡村教室、学校、社区亲身体验。"❶

　　前人的研究为我们的继续深入打下坚实基础，但从整体上看，目前学者和国家制度层面提出的提高教师待遇等措施，更为关注的是生存需求，而在激励制度中，生存需要仅仅是低级需要，乡村教师经济待遇提高也只是乡村教师激励制度体系中的一小步，而随着这一低级需要逐渐实现以后，乡村教师对于社会认同、社会贡献、社会尊重，以及最终实现自我价值的高级需要越来越多，而这些高级需要也正是乡村教师激励制度中最需要建立并不断完善的地方。而且，同发达国家相比，我国乡村教师激励制度还没有建立，因此，我们的研究更为关注依据国际经验、通过理论研究和实证研究、结合我国乡土文明实际情况，构建激励制度体系。

❶　谢艺泉 . 澳大利亚乡村教师职前培养改革：动因、策略及启示 [J]. 外国教育研究，2018（9）：43-56.

第3章　乡村教师激励理论基础

　　激励理论是行为科学中处理需要、动机、目标和行为之间相互关系的核心理论，动机是一个过程，包括强度、方向和坚持性三大要素，是个人与环境相互作用的产物，也决定了动机的差异性，重要表现为由于个体之间的差异，动机的驱动力也有所不同。同时，同一个体不同阶段的动机也存在差异。

　　早在20世纪初期，西方企业界就已关注激励问题，在管理中多以经济手段引发工人工作的积极性，并辅之以强制性的监督和惩罚措施，这种以经济激励的方式不失为一种必要的激励手段，但在实际的管理中，并不能普遍持久地加以运用。到20世纪二三十年代，美国哈佛大学管理学教授梅奥等人通过"霍桑实验"发现：不管福利待遇如何改变（包括工资支付办法的改变、优惠措施的增减、休息时间的增减等），都不影响产量的持续上升，生产效率上升的主要原因在于参加实验的光荣感，还有成员间良好的相互关系。❶ 在此基础上，梅奥提出了"人

---

❶　霍桑. 发现人际关系作用 [J]. 人力资源，2014（8）：89.

际关系理论"，认为人是"社会人"。这一理论的提出，使现代管理由原来的以"事"为中心，发展到以"人"为中心；由原来对"纪律"的研究，发展到对人的"行为"的研究；由原来的"监任"管理，发展到"动机激发"的管理。❶

随着以"人"为中心的动机激发管理理论的不断发展，20 世纪 50 年代以后，激励理论进一步丰富，不断形成了需要型（也称内容型）激励理论、过程型激励理论、强化型激励理论和知识工作者的激励理论，上述理论对建立完善的乡村教师激励制度具有良好的理论指导价值。

一、需要理论下的乡村教师激励

需要理论是研究人的需要结构的一种理论，这一理论是由"人本主义心理学之父"，亚伯拉罕·哈罗德·马斯洛（Abraham Harold Maslow）提出的。此后，赫茨伯格的双因素理论、奥尔德弗的 ERG 需要理论、麦克利兰需要理论，在经过大量的调查研究的基础上，不断丰富需求层次理论，成为激励实践中的重要理论基础。

（一）马斯洛需要层次理论

亚伯拉罕·哈罗德·马斯洛在管理科学上的贡献是发展了亨利·默里在1938 年把人的需要分为 20 种的分析研究，提出了人类基本需要等级论即需要层次论。

---

❶ 何天奇.霍桑实验的启示 [J]. 文史哲，1989（2）：11-14.

马斯洛需要层次分为生理需要、安全需要、归属和爱的需要、自尊需要和自我实现的需要。其中，生理需要在所有需要中占绝对优势，假如一个人在生活中所有需要都没有得到满足，那么生理需要最有可能成为他的主要动机，一个同时缺乏食物、安全、爱和尊重的人，对于食物的渴望可能最为强烈；在生理需要相对充分得到了满足后，会出现安全需要，包含安全、稳定、依赖、保护，免受恐吓、焦躁和混乱的折磨，对体制的需要，对秩序的需要，对法律的需要，对界限的需要以及对保护者实力的要求等。归属和爱的需要是生理需要和安全需要都得到了满足后，对爱、感情和归属的需要就会产生，并且以此为中心，表现为结群、加入集体，需要有邻里、乡土、族系、同类、同阶层、熟人、同事等种种关系，以此抵消疏离感、陌生感、孤独感等。自尊需要是对自己的稳定的、牢固不变的、通常较高的评价的需要，分为两类：第一，对实力、成就、权能、优势、胜任以及面对世界时的自信、独立和自由等的欲望；第二，对名誉或威信的欲望，对地位、声望、荣誉、支配、公认、注意、重要性、高贵或赞赏等的欲望。自我实现的需要是指人对于自我发挥和自我完成的欲望，也就是一种使人的潜力得以实现的倾向，这种倾向可以说成是一个人越来越成为独特的那个人，成为他所能够成为的一切。❶

马斯洛在论及上述 5 种不同需要层次时，还提出 5 种需要层次并不像我们所想象的那样固定不变，有时甚至会出现等级倒置现象，这不仅与人的性格、天赋、文化有着密切的关系，而且当某种需要长期得到满足后，这种需要的价值可能被低估，如有些人从来没有经受过长期饥饿，很容易低估了饥饿的影响，而把食物看作是无足轻重的。同时，在我们社会中，绝大多数正常成员的基本

---

❶ 马斯洛. 动机与人格 [M]. 许金声，等，译. 北京：中国人民大学出版社，2015：19-30.

需要只有部分得到满足，也有部分得不到满足，随着优势需要等级的升高，满足的百分比就会逐渐减少。❶

　　马斯洛需要层次理论阐释了人类的基本需要，也揭示了人类需要的先后顺序，即需要在各个层级之间转变的一般规律，为管理者在组织管理活动中如何调动员工积极性指出了工作方向和内容，但缺乏定量分析，使后来者进一步丰富需要层次理论成为可能。

（二）ERG 理论

　　美国耶鲁大学心理学家克雷顿·阿尔德弗（Clayton Alderfer）基于马斯洛的需求层次理论，提出了人类有三种需求：生存需要（Existence Needs）、关系需要（Relatedness Needs）、成长需要（Growth Needs），即生存、关系、成长三核心需要理论，简称 ERG 理论。❷ 其中，生存需求与人们基本的物质生存需要有关，是对生活、工作的基本保障需求，这一需求包括马斯洛生理需求和安全需求的内容；关系需求是人们对于保持重要的人际关系的要求，这与马斯洛的爱的需要和尊重需要里的外部因素相一致，如以教师为例，需要与同事、学生、家长及朋友间保持人际交往；成长需求即个人在职业生涯中需要不断地进步和提高，希望自己的行为有价值和意义，是个人谋求发展的内在愿望。这包括马斯洛的尊重需要的内在因素和自我实现需要的各项内容。❸ 当个体从事

❶　孙耀君. 西方管理学名著提要 [M]. 南昌：江西人民出版社，2001：130-133.
❷　于璨，宋凤宁，宋书文. 教育组织行为学 [M]. 北京：北京师范大学出版社，2009：139.
❸　萧浩辉. 决策科学辞典 [M]. 北京：人民出版社，1995：73-74.

的职业能同时满足以上三种需求时，个体将产生一系列欣喜与愉悦的情绪，体验到职业幸福感。

ERG 理论认为人的多种需要是并存的，多种需要可以同时作为激励因素而起作用，并且当满足较高层次需要的企图受挫时，会导致人们向较低层次需要的回归。❶

（三）麦克利兰的成就需要理论

戴维·C.麦克利兰（David C. McClelland）是美国著名心理学教授，其对管理学的贡献集中在人的激励理论方面。麦氏的需要理论不讨论人的基本生理需要，主要研究在人的基本生理需要得到满足的前提条件下，人还有哪些需要。麦克利兰和他的团队在哈佛大学实验室、美国和印度的多家企业进行了样本测试和分析，经过 20 多年的潜心研究，麦克利兰创立了系统的成就激励理论，他认为，人类的许多需要都不是生理性的，而是社会性的，除了基本生理需要以外，人的基本需要有三种❷：①权力需要。权力是取得管理成功的基本要素之一，权力有个人权力和社会权力之分。个人权力在不同阶段的表现不同，有一个发展过程，一般的发展变化是：依赖别人→相信别人→控制别人→自我隐退而为全社会追求权力。②情谊需要（也称友谊需要）。负有全局责任的管理者往往把情谊看得比权力更为重要。③成就需要。具有挑战性的工作完成以后的成就感会

---

❶ 陈抒忆.基于专业成长的高校青年教师激励措施探讨 [J]. 淮海工学院学报（人文社会科学版），2013（11）：135-137.

❷ 关力.麦克利兰和阿特金森及其成就需要理论 [J].管理现代化，1988（1）：48-49.

使人愉快，增加人奋斗的精神，对人的行为起到重要影响作用。

就这三者之间的关系，麦克利兰认为，人们对友谊需要、权力需要和成就需要的先后次序和重视程度是不同的。一个有事业心的人，通常更重视权力需要和成就需要，而对友谊需要并不会同等重视。在有事业心的人中，权力需要型和成就需要型也是不同的，不能把二者混淆起来。高成就需要的人具有以下三方面的特征 ❶：一是独立性强；二是选择合适的奋斗目标；三是期待对工作结果的不断反馈。与此同时，麦克利兰认为高成就可以通过科学的教育和培训，使成人的成就动机得到开发。因此，管理人员要对每个人的成就需要准确把握，安排合适的工作岗位，选择合适的激励手段。

（四）赫茨伯格的双因素激励理论

20 世纪 50 年代末期，弗雷德里克·赫茨伯格（Frederick Herzberg）与其团队基于对待工作的态度，从满意和不满意的角度开展大规模的调查实验研究，通过回忆关键事件时的特别令人感到满意的事和特别不满意的事，并说明这种满意感和不满意感是否影响到调查者的工作表现、与其他人的关系以及个人幸福，最终提出激励因素和保健因素，称为双因素激励理论。让职工感到满意的往往是成就、赞赏、工作本身、责任、进步五种因素，其中，赞赏是指对工作成绩的认可而不是指那种为了改善关系采取的姿态，后者不能让职工感到满意，就影响的持久程度而言，后三种因素作用较强，感到不满时很少因为缺少上述 5 种因素。最容易导致职工不满的也有 5 种因素：公司政策与管理方式、上级

---

❶ 邓蓉敬，陈宏彩. 戴维·麦克利兰：成就激励大师 [N]. 学习时报，2013-04-08（6）.

监督、工资、人际关系、工作条件。赫茨伯格认为，满意因素即导致满意的因素多来自于工作任务本身，如工作内容、性质，工作成就及别人对其表示承认、工作责任、工作能力的提高等，满意因素可以激发起人们在工作中努力进取、做出成绩的干劲，所以称为"激励因素"。不满因素即导致不满意的因素则多来自于周围环境，如上级的管理和监督、工作条件、人际关系、工作报酬等。满意因素和不满因素都反映了人们在工作中的需求，都是质量愈高（或数量愈多）愈好，但不满因素与环境条件相关，作用是预防出现不满，所以被称为"保健因素"。❶

双因素理论表明满足不同需要所引起的激励深度和效果是不一样的，采取某种激励机制的措施以后并不一定就能带来满意，其中，保健因素不能使人对工作产生积极的满意感，因为它本身的特性决定了无法给人以成长的感受；激励因素代表了工作因素，所以它是成长所必需的，它提供的心理激励，促使每个人努力去达成自我实现的需要。❷这种成长的需要是对内在激励的高度重视，这也说明，要想调动员工的积极性，管理者不仅要注重物质利益激励和工作条件改善等外部因素，还需要利用一些能影响人的内在因素来调动员工的积极性，突出利用工作本身所具有的激励作用，来实现员工工作的扩大化和丰富化。

通过上述基于需要为基础的激励理论不难看出，影响人类行为的需要具有多样性、层次性、潜在性、可变性等特征。人作为动物性的人和社会性的人有

❶ 赫茨伯格，莫斯纳，思奈德曼.赫茨伯格的双因素理论[M].张湛，译.北京：中国人民大学出版社，2016：65-90.
❷ 孙耀君.西方管理学名著提要[M].南昌：江西人民出版社，2001：140.

着不同层次的需要，人与人之间的需要层次也是存在一定的差异的，且同一个人在不同阶段也存在不同层次的需要，抑或多种需要的交织。动物性的人对于基本生存需要建立在一定物质基础之上，社会性的人对于社会上人与人交往的需要、责任的需要、自我实现的需要是建立在精神价值基础之上。对于乡村教师的激励不仅要关注物质层面的激励，更需要建立精神层面，促进其成长方面的激励制度。

我国一直以来较为重视乡村教师队伍建设。改革开放以来，国家通过实施一系列补充和认定农村民办教师政策、提高农村教师待遇等激励举措，稳定了乡村教师队伍。这些来自乡村的乡村教师，扎根乡村、奉献乡村的情怀有利促进了我国乡村教育的发展。经济的快速发展，我国城镇化进程的快速推进，乡村教育的发展面临严峻挑战，为了稳定乡村教师队伍，21世纪以来我国实行了支教、特岗教师计划，尤其是 2015 年实施《乡村教师支持计划（2015—2020年）》，通过一系列举措加强乡村教师队伍补充，并通过一系列激励机制使他们留任乡村学校。但此时的新生代乡村教师虽然依然有近 80% 来自乡村，❶但他们从出生到就业的人生经验与 20 世纪 90 年代开启的社会和教育变革是同轨的，他们是第一代完成离土、离乡、离农户身份与角色转变的乡村教师。他们的"城市化"特征所表现出来疏离乡村、趋向城市的态度和行为，主要表现在居住地点、子女教育、择偶与婚恋、网络消费、育儿方式、教育教学等方面；与城市化趋势相对应的是新生代教师对乡村的陌生感或疏离状态。❷面对当前新生代

---

❶ 郑新蓉，王成龙，熊和妮 . 中国新生代乡村教师调查 [N]. 中国教师报，2015-9-9.

❷ 郑新蓉，王成龙，佟彤 . 我国新生代乡村教师城市化特征研究 [J]. 河北师范大学学报（教育科学版），2016（3）：70-77.

乡村教师的特征，是否依然需要扎根乡村是值得深思的问题，更需要建立以需要为导向的激励制度，在真实了解乡村教师需要的基础上，建立不同需要层次，基于生活需要层次、社会交往需要层次、自我成长需要层次构建激励制度，满足不同乡村教师需要，促进乡村教师队伍建设。

二、过程型激励理论下的乡村教师激励

过程型激励理论是指着重研究人从动机产生到采取行动的心理过程，主要任务是找出对行为起决定作用的某些关键因素，弄清它们之间的相互关系，以预测和控制人的行为。这类理论表明，要使员工出现企业期望的行为，须在员工的行为与员工需要的满足之间建立起必要的联系。❶过程激励理论主要以期望理论、目标设置理论、公平理论为代表。

（一）弗鲁姆的期望理论

维克托·H. 弗鲁姆（Victor H. Vroom）通过深入研究组织中个人的激励和动机，率先提出了形态比较完备的期望理论，比需要理论更进一步，不仅考虑人的需要，而且考虑满足需要的途径及组织环境的影响，把个人需要与外界条件、机会联系起来，把个人因素与环境因素联系起来，无疑有助于更深刻、更全面地理解组织中个人的行为和动机。弗鲁姆主张，预期的报偿或结果能够刺

---

❶ 孙永正. 管理学 [M]. 北京：清华大学出版社，2007.

激行为，但并不需要对特定行为反复给予直接报偿来诱导条件反射式的反应，间接经验和推断、联想同样可以在刺激与行为之间建立联系，在期望与结果之间建立联系。❶

弗鲁姆认为，人总是渴求满足一定的需要并设法达到一定的目标。这个目标在尚未实现时，表现为一种期望，这时目标反过来对个人的动机又是一种激发的力量，而这个激发力量的大小，取决于目标价值（效价）和期望概率（期望值）的乘积。后经过不断修正与充实，弗鲁姆提出了人的期望模式：个人努力→个人成绩（绩效）→组织奖励（报酬）→个人需要。这一模式的提出，需要考虑和处理好几个环节：首先，努力和绩效有关系，如果个体会考虑尝试和付出努力能够带来成功，那么他就更有可能在特定的工作中付出较多的努力，以便获得较好的绩效；其次，绩效与奖励有关系，个体会思考良好的绩效带来组织奖励的可能性有多大，如果好的绩效必须导致奖励，那么员工愿意付出的努力就越多，绩效与奖励间的联系和员工付出努力的积极性呈正相关关系，即绩效与奖励间的联系越密切，员工付出努力的积极性越高；最后，奖励和个人需要关系，个体要衡量特定奖励的效价，即这种奖励对被奖励者而言的价值，如果个体非常渴望得到这种奖励，那么他无疑会提高自己的努力程度，如果奖励并不是个体想要的，那么将不大可能尽力而为。因此，奖励什么要适合各种人的不同需要，应考虑效价，应采取多种形式的奖励，满足各种需要，最大限度地挖掘人的潜力，有效地提高工作效率。

---

❶　孙耀君 . 西方管理学名著提要 [M]. 南昌：江西人民出版社，2001：226.

（二）洛克的目标设置理论

目标设置理论是洛克（Locke）在前人研究的基础上，于 1968 年正式提出的。研究认为，目标通过 4 种机制影响成绩，首先，目标具有指引的功能，它引导个体注意并努力趋近与目标有关的行动，远离与目标无关的行动；其次，目标具有动力功能，较高的目标比较低的目标更能导致较大的努力；然后，目标影响坚持性，当允许参与者控制他们用于任务的时间时，困难的目标使参与者延长了努力的时间；最后，目标通过导致与任务相关的知识和策略的唤起，发现或使用而间接影响行动。

影响目标对成绩作用的基本要素是目标的特性，包括目标明确度或清晰度和难度、目标承诺、目标的重要性、任务复杂性等内容。● 其中，目标明确度或清晰度旨在说明，与含糊的目标和难度不大的目标或没有目标相比，明确的、具有挑战性的目标能产生更高的绩效。明确的目标之所以能提高效率，是因为它能通过提供实现进步的清晰标准来明确达到成功所需的努力程度；难度大的目标更能提高成绩，是因为它能激发学习或工作者在学习或工作中投入更多的经历。目标承诺意味着个体指向既定目标的努力程度、坚持时间，以及在面临挫折和负面反馈时不愿降低或放弃目标，而是持续努力决心达成目标。目标的重要性通过影响学习或工作者的目标接受性与承诺、努力程度等，进而影响其绩效。任务复杂性在于目标的作用依赖于任务完成者发现适当的任务策略的能力，当使用有效的策略时，目标的作用最大。与此同时，目标反馈和目标满意感可以起到有效的激励效果，反馈可以是个体明白是否达到

● 孙丽 . 目标设置理论及其教育应用 [J]. 外国中小学教育，2008（1）：37-42.

了目标，或者是否朝着正确的目标方向努力，或者完成目标还需要付出多少努力；目标满意感是个体经过努力达到目标后会有满意感，这与目标难度有一定关系，在有目标承诺、反馈、自我效能、恰当的策略等条件下，目标越高、越困难，则成绩越好。❶

（三）亚当斯的公平理论 ❷

约翰·斯塔西·亚当斯（John Stacy Adams）的公平理论侧重研究工资报酬分配的合理性、公平性及其对职工生产积极性的影响，在社会比较中探讨个人所做的贡献同他所得的报酬如何取得平衡，所以又叫作社会比较理论。这种比较是指员工的激励程度来源于自己和参照对象的报酬和投入的比例的主观比较，员工不仅关心自己所得所失本身，而且还关心与别人所得所失的关系。❸ 这意味着，员工认为这一得失比例和他人相比大致相当时，就会产生心理平衡，认为激励是公平合理的；如果认为不相当时，心理就不平衡，认为不公平。公平

---

❶ 杨秀君. 目标设置理论研究综述 [J]. 心理科学，2002（1）：153-155.

❷ 亚当斯的公平理论是过程激励理论的重要代表，因此我们这里选择其公平理论。但这里我们还需要说明一下罗尔斯的正义理论，该理论作为伦理学和政治哲学理论，是当代社会对公平价值观念所做的解释中最令人满意的一种，因此，我们认为在针对乡村教师激励制度体系建设中，亦应遵循这一理论。其所倡导的公平观为两个原则，即："第一个原则：每个人对与所有人所拥有的最广泛平等的基本自由体系相容的类似自由体系都应有一种平等的权利。第二个原则：社会和经济的不平等应这样安排，使它们：在与正义的储存原则一致的情况下，适合于最少受惠者的最大利益；并且依系于在机会公平平等的条件下职务和地位向所有人开放。"其实质包含第一个原则为平等自由原则，第二个原则可概括公平原则和差别原则，这一差别原则体现互惠原则，即最大限度地提高最不利者的期望的观念，同时体现补偿性。该理论也成为我们构建乡村教师激励模型的重要基础。

❸ 汪罗. 亚当斯：公平理论的创始人 [J]. 当代电力文化，2015（9）：88-89.

能起到激励的作用，不公平会起到消极的作用。

亚当斯公平理论的基本观点是：当一个人做出了成绩并取得了报酬以后，个体不仅注重自己的绝对报酬数量，更重视自己的投入和所得与其他人的投入和所得相比较的结果。这里的投入包括个人的努力、以往的工作经验、教育背景、时间、能力等；而所得包括薪酬、奖励、认可、晋升、培训、工作条件等。因此，不公平感的产生通常既与个体有关，包括个体的主观判断、个体所持的公平标准；又与组织有关，包括绩效评定的方式方法、绩效评定人。有鉴于此，为避免员工不公平感的产生，组织管理者必须遵循公正原则，力求公平，使激励公平制度客观上存在，且激励制度是建立在科学的基础上，既遵循"多劳多得，质优多得"，又坚持"效率优先，兼顾公平"，与此同时，亦应正确引导员工的公平观，使员工认识到绝对的公平是不存在的，且不盲目攀比。

基于过程型激励理论，对乡村教师的激励更应关注组织方面的作用，通过发挥组织的作用，实现乡村教师群体、乡村教师个人的期望、目标，在这一过程中遵守公平原则。比如，2015年6月，我国印发的《乡村教师支持计划（2015—2020年）》中明确提出的工作目标是：到2017年，力争使乡村学校优质教师来源得到多渠道扩充，乡村教师资源配置得到改善，教育教学能力水平稳步提升，各方面合理待遇依法得到较好保障，职业吸引力明显增强，逐步形成"下得去、留得住、教得好"的局面。到2020年，努力造就一支素质优良、甘于奉献、扎根乡村的教师队伍，为基本实现教育现代化提供坚强有力的师资保障。这其中的"下得去、留得住、教得好"的工作目标就需要组织处理好与乡村教师之间的关系，包括乡村教师的努力和针对乡村教师的绩效之间的关系，乡村教师绩效与对乡村教师奖励之间的关系，对乡村教师的奖励和乡村教师个人需要之间的关系，乡村教师队伍建设目标实现高度与乡村教师绩效、对乡村教师奖励之间的关系，公平处理乡村教师与城镇教师之间的关系，公平处理不同乡村教师之间的关系。

三、综合激励理论下的乡村教师激励

综合型激励理论强调内在和外在两方面的重要意义，是对上述激励理论的总结和发展。综合型激励理论主要有波特和劳勒的综合激励模型、豪斯的综合激励模式两种。

（一）波特—劳勒的综合激励

美国行为科学家爱德华·E. 劳勒（Edward E. Lawler）和莱曼·波特（Lyman Porter）提出了一种综合激励理论模型，他们认为对人们奖励的价值和这个人感觉通过努力应该得到奖励的概率决定着个体的激励程度和所发挥出来的能力（努力程度），人们通过努力获得奖励的概率也会受到实际工作业绩的影响。该理论强调处理好三个层面关系❶：激励、努力、绩效之间的关系，绩效、报酬之间的关系，报酬、满足之间的关系，只有正确处理，才能激发工作热情。在激励、努力、绩效之间，激励导致努力，努力导致绩效，激励的方式多种多样，程度有强有弱，通常情况下，激励、努力、绩效三者是正比例关系，但也存在一定的差异性，

❶　张芙华. 波特—劳勒综合激励理论的管理启示 [J]. 社会科学辑刊，2004（1）：158-161.

因为人们在工作中能够取得的成绩，虽然主要取决于努力程度，但同时也要在很大程度上受到个人的工作能力和对工作的理解能力的影响，即"技术与能力"和"角色概念"，因此，即使努力程度相同的人，由于工作能力和理解能力的差异，取得的工作结果便不可能完全相同；绩效、报酬，亦可称为奖励、惩罚，这是对一个人工作绩效进行一定数量和质量分析，既要有标准，又要讲究方法，由于工作绩效的多样性，也意味着衡量绩效的指标也必须多样，且应随着时间、地点、条件的变化而改变，且在这一过程中应遵循公平原则；在报酬、满足之间，经过评价之后，一个人得到了相应的奖励和处罚，奖励和处罚是否公平合理，这个人会用他自己的公平原则加以衡量，如果他认为符合公平原则就会感到满意，满意会激励他努力工作，创造绩效；反之，可能会影响工作，造成不良后果。

（二）豪斯综合激励理论

罗伯特·J.豪斯（Robert J. House）在双因素理论和期望理论基础上提出了一个整合模型，强调任务本身的内在激励作用，兼顾因完成任务而获得的外在奖酬而引起的激励，综合反映了员工工作完成后引起的激励强度。如果一个人知道自己可以做并且以前曾做过这样的工作，就会更好地判断通过努力可以获得奖励的概率。该理论认为，激励力量的大小由任务本身的内在激励、任务完成激励和任务结果激励三方面综合构成的整个激励模型所决定。❶ 该理论的贡献在于把内外激励因素有机结合起来，内在激励主要是任务本身提供的激励能量，任务完成激励主要包含完成任务的内在期望概率（即主观上对

---

❶ 朱德友.高校教师激励机制研究 [D].武汉：武汉大学，2010（1）.

完成任务可能性的估计）、任务绩效产生的激励能量、任务的难度、任务的明确性、员工的能力、组织的支持，以及完成任务的内在评价；外在激励主要包括因完成任务后获得相应外在报酬的期望概率的喜悦和快乐程度，以及各种可能的外在奖励所引起的激励效果之和，进而生成激励能量。可见，激励力量的大小取决于诸多激励因素的共同作用。

基于综合激励理论，对乡村教师的激励重点关注一方面是如何在激励、努力、绩效之间建立适合的关系，针对不同群体、不同区域的乡村教师采取多种多样的激励；另一方面更需关注乡村教师激励导致努力，努力导致绩效，激励的方式多种多样，程度有强有弱，通常情况下，激励、努力、绩效三者是正比例关系。

第 4 章　乡村教师激励制度架构

乡村教师激励制度是一个庞大的以人为中心展开的制度系统，薪酬激励、荣誉激励、职称激励、文化氛围等内部的各种因素与社会大环境构成一种极为复杂的动态关系网络。

一、激励和激励制度

（一）对激励的认识

激励（motivate）源于拉丁文"movere"，意为采取行动，后西方学者不断研究深入，比较有影响的有如下几种定义：

美国心理学家雷尔森（Berelson）和斯坦尼尔（Steiner）认为："一切内心

要争取的条件、希望、愿望、动力等都构成了对人的激励……它是人类活动的一种内心状态。" ❶

赫林格尔（Herlinger）认为：激励是一种中介变量，它是无法直接观察的内在心理过程。

吉布森、伊万切维奇和唐纳利（Gibson，Ivancevich，& Donnelly）认为：激励是一种有导向的程序，激励需要选择方向与目标。

德斯勒（Dessler）视激励为人们要去满足某种需要的反应。❷

我国管理学家苏东水先生认为："激发人的动机，使人有一股内在动力，朝着所期望的目标前进的心理活动过程。激励也可以说是调动积极性的过程。" ❸

有学者认为：作为心理学术语，指的是激发人的动机的心理过程，通过激励，在某种内部或外部刺激的影响下，使人始终保持着一个兴奋状态。❹

也有学者提出：激励即是对人的积极性的调动，意在促使人们充分发挥潜在的能力。如果要更准确地定义，激励应该被理解为：为着特定的目的而采用各种手段对人的内在需要或动机施加影响，以引导、强化乃至改变人们的行为方向，使其做出有利于组织目标实现的努力过程。❺ 作为行为控制的一种手段，激励的意义集中体现在对符合目的的预期行为的驱动及对不符合目的的行为的抑止上。❻

❶　唐纳利，等.管理学基础 [M].北京：中国人民大学出版社，1982：195.

❷　刘彦伯.专业组织激励制度之研究 [D].台北：国立中正大学企业管理研所，1993.

❸　苏东水.管理心理学 [M].上海：复旦大学出版社，2002：221.

❹　俞文钊.现代激励理论与应用 [M].大连：东北财经大学出版社，2015：2.

❺　梅传声，申来津.激励：动机的现实化和对象化 [J].学术交流 2004（9）：32-34.

❻　刘亚军.需要动机激励——试论行为科学与思想政治工作的结合 [J].武汉交通科技大学学报（社会科学版），2000（2）：61-64.

有的学者将激励分狭义和广义两种，狭义的激励就是激发、鼓励之义，通俗地说，就是调动人的积极性；广义的激励则是指运用各种有效手段激发人的热情，启动人的积极性、主动性和创造性，使人有一股内在的动力朝着所期望的目标努力。

基于上述从不同学科领域、不同专业视角对激励的定义，我们可以看出激励的共性特点：第一，它是人的一种内心状态。不同的人对同一激励环境的反应程度存在差异性，良好的内心状态是激励应把握的关键点。与此同时，因其是一种内心状态，也存在随着环境的变化，影响着对激励的感知和接纳。第二，激励必须有一定的要素支撑。这一要素支撑可以是物质的、可以是精神的，可以是实体的、可以是情感的，亦可以兼而有之。第三，激励的对象有内在需要，形成自我内驱力。第四，激励需有明确的目标性。激励的目标性表现为要符合激励主体的目标要求，个人目标应服从主体目标，处于从属地位。

（二）对激励制度的认识

在对激励制度认识之前，首先要认识制度。制度亦称建制，是社会科学中的概念。用社会科学的角度来理解，制度泛指以规则或运作模式，规范个体行动的一种社会结构。这些规则蕴含着社会的价值，其运行彰显着一个社会的秩序。美国制度经济学家诺思提出："制度是一个社会的博弈规则，或者更规范地说，它们是一些人为设计的、型塑人们互动关系的约束。从而，制度构造了人们在政治、社会或经济领域里交换的激励。"❶ 这意味着，制度是人们有目的建构的，有价值判断在里面，从而规范、影响建制内人们的行为，要求大家共同遵守的办事规程或行动准则。涉及制度应与战略、系统、结构挂钩。

激励制度是通过建立一系列激励规程，规范和按程序明确不同部门、相关人员具体的做事准则，称为激励制度。由于激励是人的一种内心状态，决定了激励制度的复杂性，在激励制度的建构中，需要遵循战略性、系统性和机构性。

二、乡村教师激励制度要素

要素是过程特定系统与活动必不可少的因素、元素。制度系统功能及活动有效性的确立，就系统或活动本身而言，依赖于要素对于系统、对于活动所具有的积极效能，依赖要素的有效性。❷ 乡村教师激励制度的要素主要包含实体要素、精神要素和关系要素。

（一）实体要素

实体要素主要是指不依赖于人的意识而又能为人的意识所反映的客观实在所关联的因素。我们认为实体要素是以物质条件即工资待遇为基础，涵盖乡村

---

❶ 诺思. 制度、制度变迁与经济绩效 [M]. 杭行，译. 上海：上海人民出版社，2008：3.

❷ 沈壮海. 思想政治教育有效性研究 [M]. 武汉：武汉大学出版社，2001：67.

教师教学和工作的校园环境、办公条件，以及与教师工资待遇相挂钩的职务、职称，等等，主要体现"经济人"的基本特征。实体要素在乡村教师激励过程中处于最基础的，最根本的地位。从乡村教师流动地域的调查来看，乡村教师也多是向环境较好、待遇较高的同级学校或县城学校流动。这也说明，生存是人的第一需要，物质是最基础的。因此，物质激励仍然是乡村教师激励中的重要手段，是其他要素激励的根本依托。实体要素在乡村教师激励中发挥着外显性、可比性和基础性的重要作用。

（二）精神要素

精神要素是指可以激发精神动力的思想、理论、理想、信念、道德、情感、意志等精神因素。主要体现"社会人"的特征。因此，也包含了个体精神要素和组织精神要素。个体精神要素，包括乡村教师的思想意识、职业道德、思维方式、心理需求等方面要素，体现了乡村教师个体自我实现的终极激励因素，这是乡村教师工作热情激发和工作积极性提升的重要精神动力，可以激发乡村教师对乡村教育事业的热爱，对乡村学生的关爱和培育热情。群体精神要素包括两个方面，包含群体职业道德、群体职业传统，主要体现"组织人"的特征，但仅仅让教师在组织上加入学校或教师群体是远远不够的，重要的是应让教师投入到学校乃至教育所追求的价值目标中。只有高举价值目标，才能取得长足发展。学校的教学工作由学校全体教师共同承担，学校办学目标的实现是全体教师共同努力的结果，农村教育目标的实现也需要乡村教师共同努力。从这个意义上来说，乡村教师激励应考虑的，不仅仅是某一两个教师积极性的调动问题，而是应在学校乃至更大的组织整体背景之下考虑如何追求一种乡村教师群体激励的效能，在学校组织激励中，校长的人格魅力不容小觑。因此，乡村教师激励制度需着眼于教师群体精神的激发和生成，这是精神要素建设的关键。

个体精神要素和群体精神要素二者在本质上是协调统一的，相互交融的，交集越多，推动力越大，越有利于激励效果的实现。

（三）关系要素

关系要素是指可以激发产生相互联系、连带影响和牵涉作用的因素。具有动力功能，包括与之相关的方针、政策、制度和措施。与乡村教师相关的因素中包括农村教育发展的政策指向、乡村建设的战略方针、教师队伍建设的规章制度，等等。

关系要素中，不断提高乡村教育质量是重要因素。乡村教育是教育发展的关键环节，自中华人民共和国成立以来，党和政府高度重视乡村教育发展，通过多种渠道保证乡村教师数量，不断提高乡村教师质量以推动乡村教育发展。改革开放以后，党和政府通过实施保数量、提质量、重统筹等多种举措，加快促进乡村教师队伍建设，为提高乡村教育质量打下坚实基础。

政策、制度在关系要素中占有重要地位，是激励有效的关键保证。21 世纪以来，国家发布多项促进乡村教育发展和加强乡村教师队伍建设的政策文件。2006 年，为吸引更多的优秀人才到乡村任教，充实乡村教师队伍，提高乡村教师整体素质，中组部等部委联合发布《关于组织开展高校毕业生到农村基层从事支教、支农、支医和扶贫工作的通知》，计划每年招募 2 万名高校毕业生，主要安排到乡镇从事支教、支农、支医和扶贫工作（简称"三支一扶"），支教是其中重要的一部分。同年 5 月，教育部发布《关于实施农村义务教育阶段学校教师特设岗位计划的通知》，公开招募高校毕业生到西部"两基"攻坚县以下农村义务教育阶段学校任教，引导和鼓励高校毕业生从事农村教育工作。2007 年5 月，国务院办公厅发布《转发教育部等部门关于教育部直属师范大学师范生免费教育实施办法（试行）的通知》，决定在教育部直属师范大学试行师范生免费教育，免费师范生毕业后从事中小学教育十年以上，到城镇学校工作的免费师范毕业生，应先到农村义务教育学校任教服务二年。该政策自 2018 年以后调整为"公费师范生"履约任教服务期缩短为 6 年，并明确提出："吸引公费师范生毕业后到农村中小学任教。各地和农村学校要为公费师范生到农村任教提供办公场所、周转宿舍等必要的工作生活条件。"● 2010 年，教育部决定进一步扩大"农村学校教育硕士师资培养计划"（简称"硕师计划"）规模，并与特岗计划结合实施。这一系列专门针对条件艰苦的农村地区学校教师倾斜政策成为当前农村教师补充的主要政策方向。2015 年，国务院办公厅发布《乡村教师支持计划（2015—2020 年）》，通过全面提高乡村教师思想政治素质和师德水平、拓展乡村教师补充渠道、提高乡村教师生活待遇、统一城乡教职工编制标准、职称（职务）评聘向乡村学校倾斜、推动城镇优秀教师向乡村学校流动、全面提升乡村教师能力素质、建立乡村教师荣誉制度八项举措提高乡村教师质量。2018 年 1 月，中央"一号文件"《中共中央国务院关于实施乡村振兴战略的意见》颁布，5 月 9 日，中共中央、国务院印发了《乡村振兴战略规划（2018—

● 关于转发教育部等部门教育部直属师范大学师范生公费教育实施办法的通知 [EB/OL].（2006-08-25）[2019-06-13]. http：//www.moe.gov.cn/jyb_xxgk/moe_1777/moe_1778/201808/t20180810_345023.html.

2022 年)》，其宗旨就是通过统筹推进农村经济建设、政治建设、文化建设、社会建设、生态文明建设和党的建设，加快推进乡村治理体系和治理能力现代化，加快推进农业农村现代化，走中国特色社会主义乡村振兴道路，让农业成为有奔头的产业，让农民成为有吸引力的职业，让农村成为安居乐业的美丽家园。

　　社会环境和经济发展在关系要素中也占有一定作用。促进乡村教育发展、加快乡村教师队伍建设得益于我国政治稳定、经济快速发展。2018 年，我国人均 GDP 达到 9780 美元，虽然与发达国家人均 GDP 还有明显差距，虽然国内城乡差距依然存在，但贫困人口的不断减少、人民生活水平的显著提高都在人类发展史上留下印迹。不断的发展变化表现为人民的需要也从基本的生活需要、安全需要向更高层次的需要转变。在这样的大背景下，我国各行各业工资水平均有明显提升，乡村教师工资待遇已有明显改善。乡村教师群体中 "70 后" "80 后" 成为中坚力量，"90 后" 成为庞大的新增力量。统计数据显示，2017 年乡村初中教师年龄中 20 世纪 60 年代出生的教师占 13.3%，70 年代出生的教师占 32.1%，80 年代出生的教师占 34.5%，90 年代出生的教师占 35.8%。● 这一群体，尤其是 "80 后" "90 后" 的乡村教师，他们从出生，到接受教育，到走向工作岗位，所经历的生活条件的不断改善、教育水平的不断提高、社会变革的不断加剧，都对他们产生深远影响，他们对更高层次的需求更为向往，对自我价值的实现更为期待。与此同时，他们生活和成长的这个时代，也促使他们更为关注公平正义，更愿意倡导以志愿者的身份支

● 初中专任教师专业技术职务、年龄结构情况 [EB/OL].（2006-08-25）[2019-06-13]. http : //www.moe. gov.cn/s78/A03/moe_560/jytjsj_2017/qg/201808/t20180808_344729.html.

持乡村教育发展，更能接受以慈善的方式推动乡村教育发展，但他们同样需要自我判断、自我独立和自我选择。

三、乡村教师激励制度结构

基于以上论述的国家对乡村教育和乡村教师队伍建设的政策推动，以及当前乡村教师队伍自身的一些鲜明特征，在前人研究理论的基础上，我们构建乡村教师激励理论的核心是乡村教师个人自我实现和国家推动乡村教育改革与发展的目标（加快乡村教育发展，提高乡村教师职业吸引力）相一致，在此基础上，不断实现从低级需要到高级的需要，不断实现专业的持续发展、自我人生价值和目标；通过乡村振兴实现乡村教育快速发展，不断改善乡村教师工作条件、丰富业余生活、融入乡村振兴，实现提高乡村教师职业吸引力；在这一激励过程中，坚持公平正义，推动慈善援助，开展困境救助，采用物质激励、实体激励、精神激励和情感激励多种要素，建立起补偿性激励、保障性激励、发展性激励的运行体系，并通过激励返回即满意度调查获得信息反馈和激励效果，建立起乡村教师激励制度体系。

（一）补偿性激励

所谓补偿是利用条件的差异，相互补充以提高整体效益的措施。是弥补缺陷，抵消损失。给予乡村教师补偿性激励主要是由于与城市教师相比，乡村教师从事教育事业意味着办公条件、生活环境、交通环境、家庭生活、子女教育均较为艰苦，为了减少与城市教师的差异，通过其他方式予以弥补，在一定程度上实现相对公平。

　　乡村教师补偿性激励主要包含入职前的学费代偿，入职时的一次性奖励，入职后的生活补助、交通补助、住房优惠政策、大病的特别救助、子女教育的优惠政策等，其宗旨是吸引更多的优秀人才从事乡村教师职业。

（二）保障性激励

　　所谓保障，是指作为社会成员之间的某种意义上的交互动态的有限支撑和支持，比如：基本生存、基本生活、基本医疗、就业、失业、阶段性的免费义务教育、基本养老、居住条件、安全、合情合理、正当正义的言论自由等。它需要依靠全社会的文明、财富逐步增加和法治建设逐步完善来实现。乡村教师作为人也具有基本的生存、生活需要。

　　乡村教师保障性激励主要是指给予乡村教师在乡村学校从教工作、生活、发展的基本保障，主要包含必备的办公条件、安全的任教环境、相对稳定的居所、提供生活需要的工资收入、满足子女教育的需要、给予专业培训等，其宗旨是让乡村教师安心从教、能够热爱教师职业。

（三）发展性激励

　　所谓发展，是一个进步变化的过程，是事物的不断更新，是指一种连续不断的变化过程。既有量的变化，又有质的变化。乡村教师的发展不仅指专业上的发展，还包含个人的成长，以及与社会发展的相一致性。

乡村教师发展性激励主要是满足乡村教师自我发展需求的激励，这里既涵盖教师自身的发展需求，又涵盖乡村教育乃至乡村振兴的需要，也涵盖给予乡村教师各种荣誉和奖励、乡村教师的乡村社会融入和社会地位的不断提升。主要包含基于提供给乡村教师更高水平的培训，以达到乡村教师成长预期，服务村民的乡村融入，来自家长、社会对乡村教师的尊重，不断提高的乡村教师地位，给予乡村教师的各种荣誉和奖励等。其宗旨是以促进乡村教师的自主发展，推动乡村教育发展，进而在乡村振兴中发挥教师作用、教育作用。

需要说明的是，补偿性激励、保障性激励和发展性激励是相互交融的，不能割裂开来，尤其在保障性激励和发展性激励中，无论对于生活需求、安全需求、融入需求、专业需求、自我实现需求都随着人的不断成长、社会的不断进步，激励水平也不断提高，体现激励制度本身的动态性、开放性、发展性、持续性。如其中的办公条件的改善是持续的，工资收入的需求是有增长的，因此也是需要不断提升的，专业成长中的培训需要也是不断提高的。这就需要我们用系统观建构我们的激励系统，形成一个相互关联、相互作用的激励要素构成的一个整体，包括激励的时间维度即激励过程、激励的空间维度即激励层次、激励的逻辑维度即激励因素（见图 4.1）。

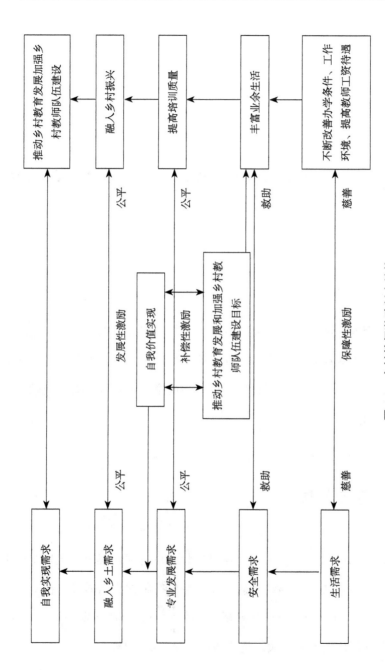

图 4.1　乡村教师激励制度结构

第5章 乡村教师激励制度的政策指向

农村教育发展的关键在教师。中华人民共和国成立以来，尤其是改革开放以来，为了发展农村教育，我国一直采取多种激励制度，出台一系列政策，确保乡村教师队伍的稳定和不断提高乡村教师质量，主要分为物质激励、岗位激励和精神激励。

一、物质激励

对乡村教师的物质激励主要是乡村教师在享有国家规定的工资基础上，进一步享有地方政府提供的福利待遇，保障乡村教师的生活需要。在对乡村教师采取物质激励的过程中，物质激励的举措常常与我国社会发展特征密切相连，随着经济发展规模的不断扩大，物质激励水平不断提高。

（一）民办教师享受国家补助

民办教师这一群体是中华人民共和国成立后，随着大批中小学校的建立，合格师资无法满足急需增长的教师需求，为了缓解这一问题，维持学校运转，在中华人民共和国历史上出现的特殊群体。他们享受国家补助，由学校所在集体支付工资或劳动报酬，但在身份上属于农民。❶ 他们为发展我国乡村教育事业做出了重大贡献。到 1976 年，小学民办教师高达 341.6 万人，占小学教师的64.6%，中学民办教师也达到 98.7 万人，占中学教师的 36.2%。❷

为了改善民办教师待遇过低、队伍不稳定的状况，1980 年发布的《关于普及小学教育若干问题的决定》中提出："国家给予民办教师的补助费应全部直接发给本人。同时，社队应按全劳力给他们记工分，切实执行男女同工同酬的原则。"❸ 1981 年，为进一步提高民办教师的生活待遇，国家出台《关于增加中小学民办教师补助费的办法》，明确提出："在国家规定补助费标准的基础上，平均每人全年增加补助费五十元。"❹ 1984 年，国务院发布《关于筹措农村办学经费的通知》，提出："农村中小学民办教师全部实行工资制，逐步做到不再分公办、民办。"❺ 这些激励政策的实施在一定程度上提高了民办教师的待遇，激发了民办教师的工作热情。

---

❶　王献玲 . 中国民办教师始末研究 [D]. 杭州：浙江大学，2005：1.

❷　刘英杰 . 中国教育大事典（1949—1990 年）[M]. 杭州：浙江教育出版社，1993：681-683.

❸　何东昌 . 中华人民共和国重要教育文献（1976—1990）[M]. 海口：海南出版社，1998：1877-1879.

❹　同❸：1980.

❺　同❸：2244.

（二）提高乡村教师工资待遇，解决拖欠乡村教师工资问题

乡村教师工资待遇水平是按照中小学教师工资统一设置的。1954 年，教育部下发《关于修订全国初等学校教职员工工资标准及有关事项的通知》和《关于修订全国中等学校教职员工工资标准及有关事项的通知》，对小学教职工重点是农村地区的小学教职工进行调整，提高工资。1960 年，我国发布了《关于评定和提升全日制中、小学教师工资基本的暂行规定》，提出："评定和提升教师的工资级别，应该以教师的思想政治条件和业务工作能力为主要依据，同时必须照顾其资历和教龄。"对新参加工作的教师，在遵循上述规定的同时，"应该根据城市和乡村不同的生活水平"❶评定工资级别，并按照学历予以划分级别，这里提出的城乡不同生活水平意味着在当时条件下，乡村生活水平较低，乡村教师工资则低于城市教师。

改革开放以后，我国多次调整中小学教师工资，在相关规定中也均提出增加农村教师工资，如 1981 年实施的《关于调整中小学教职工工资的办法》中专门规定了提高农村中学教职工工资，其他工资调整均与中小学教师工资调整相一致。1985 年，我国启动实施教师教龄津贴，农村教师也在教龄津贴执行范围之内。❷ 1987 年，我国再次调整中小学教师和幼儿园教师工资，工资标准提升10%。1988 年，我国启动实施《中小学教师职务工资标准方案》，❸ 按照职务级别即中学高级、中学一级、中学二级、中学三级、小学高级、小学一级、小学

---

❶ 何东昌．中华人民共和国重要教育文献（1949—1975）[M]．海口：海南出版社，1998：957．

❷ 同❶：2311．

❸ 同❶：2716．

二级和小学三级的标准晋升工资。

20 世纪 80 年代中期，由于我国农村中小学教育经费划归乡镇管理，一些地区开始出现拖欠乡村教师工资的问题，为了解决这一问题，1993 年，国务院办公厅下发《关于采取有力措施迅速解决拖欠教师工资问题的通知》，规定："各级人民政府要进一步提高财政支出中教育经费所占的比例，要扎扎实实落到实处。乡（镇）财政收入主要用于发展教育。教师工资所需经费以县为主筹措。"❶ 1997 年，国务院办公厅再次出台《关于保障教师工资按时发放有关问题的通知》，进一步强调："各级人民政府要对教育经费特别是教师工资实行全额预算，足额拨款，不留缺口。财政补贴县要将补贴首先用于保障教师工资发放。"❷ 但各地在具体落实中依然存在不到位问题，截止到 1999 年，河南省拖欠中小学教师工资乡镇个数达到 1941 个，拖欠教师人数达到 50 多万人，占教师总数的 85%。❸

为了彻底解决农村地区义务教育发展和拖欠教师工资的问题，2000 年，国务院在安徽省开展农村税费改革试点，探索实施将农村初中、小学教师工资上收到县，有效解决了拖欠教师工资问题。2001 年，国务院召开全国基础教育工作会议，明确了农村义务教育"实行在国务院领导下，由地方政府负责、分级管理、以县为主的体制"，并要求中央和各级政府要加大财政转移支付力度。2005 年，国务院下发《关于深化农村义务教育经费保障机制改革的通知》，提出"明确各级责任、中央地方共担、加大财政投入、提高保障水平、分布组织

---

❶ 何东昌.中华人民共和国重要教育文献（1993—1997）[M].海口：海南出版社，1998：3574-3575.

❷ 同❶：4250.

❸ 乡村教师工资何日不再拖欠 [J].瞭望新闻周刊，2000（20）：49-51.

实施"的基本原则，逐步将农村义务教育全面纳入公共财政保障范围，建立中央和地方分项目、按比例分担的农村义务教育经费保障机制。中央重点支持中西部地区，适当兼顾东部部分困难地区。自此，拖欠乡村教师工资的历史问题得到彻底解决，有效地促进了乡村教师队伍的稳定。

（三）从免费师范生到公费师范生，吸引优秀人才担任乡村教师

中华人民共和国成立以来直至 20 世纪 90 年代，免费师范教育是我国师范教育政策体系的基本特征之一，这期间的师范教育，尤其是中等师范教育为我国农村学校培养了大量的优秀师资。1997 年，随着师范大学尝试收费，截至 2000 年，教育部、国家计委和财政部联合下发《关于 2000 年高等学校招生收费工作若干意见的通知》，免费的师范教育成为历史，尤其是中等师范教育的萎缩，以及与收费制度共生的毕业生自主择业，导致报考师范院校的生源数量和质量日渐下滑，贫困地区的农村中小学教师短缺日益凸显。

为了吸引优秀生源报考师范院校，2007 年，我国下发《教育部直属师范大学师范生免费教育实施办法》，提出：教育部直属的北京师范大学、华东师范大学、东北师范大学、华中师范大学、陕西师范大学、西南大学实施免费师范生教育，师范生在校学习期间免除学费，免缴住宿费，并补助生活费，所需经费由中央财政安排，毕业后服务期限为 10 年。2018 年，我国印发《中共中央国务院关于全面深化新时代教师队伍建设改革的意见》，明确提出：完善教育部直属师范大学师范生公费教育政策，履约任教服务期调整为 6 年。由免费到公费政策的

变化是进一步吸引优秀人才报考师范院校，并终身从教的政策指向。数据显示，从 2012—2016 年，6 所直属师范大学共培养免费师范毕业生 5.2 万人，履约就业率为 96.5%，其中，90.3% 的毕业生到中西部地区中小学任教，基本实现了初衷。但该政策的示范引领作用是推动各省采取相关政策，28 个省仿效中央政策，也实施省内师范生采取公费培养、到岗返还等多种方式实施地方师范生免费教育政策，每年有 4.1 万名免费师范毕业生直接到农村任教。❶例如，湖南省启动实施农村小学教师定向培养专项计划，通过公费或到岗退费的形式吸引初中优秀毕业生报考师范院校。截至 2016 年 9 月，已招生 4 万余人，毕业 1.05 万余人，99% 的毕业生补充到乡村学校任教。再如，浙江省对于到乡村学校从教的高校毕业生，实行上岗退费政策，即大学毕业生到农村从教，可按一定的学费标准，本科生连续退费 4 年，专科生连续退费 3 年。

（四）实施乡村教师生活补助

1995 年国家颁布《教师法》、2010 年出台《国家中长期教育发展与改革规划纲要（2010—2020 年）》和 2012 年下发《国务院关于加强教师队伍建设的意见》都提出对长期在农村基层和艰苦边远地区工作的教师，实行工资倾斜政策、完善津补贴标准的要求。2013 年，中央"一号文件"《关于加快发展现代农业进一步增强农村发展活力的若干意见》明确提出："设立专项资金，对在连片特困地区乡、村学校和教学点工作的教师给予生活补助。"❷为切实贯彻落实这一政策，

---

❶ 靳晓燕.教师队伍建设取得突出成就 [N].光明日报，2017-09-03（4）.

❷ 中共中央、国务院关于加快发展现代农业进一步增强农村发展活力的若干意见.[EB/OL].（2013-01-25）[2019-06-13].http://www.gov.cn/gongbao/content/2013/content_2332767.htm.

教育部、财政部 9 月 13 日印发《关于落实 2013 年中央一号文件要求对在连片特困地区工作的乡村教师给予生活补助的通知》，提出以"地方自主实施，中央综合奖补"为原则，各地自主实施连片特困地区乡村教师生活补助政策，具体实施时间、补助范围和对象、补助标准和资金来源等，由各地结合实际情况确定；补助标准根据教师工作、生活条件的艰苦程度等因素合理分档确定，重点向村小和教学点倾斜、向条件艰苦地区倾斜，不搞平均主义。中央财政在农村义务教育经费保障机制改革经费中增列综合奖补资金，将义务教育乡村教师生活补助政策落实情况作为奖补因素之一，对已经实施这一政策的地方给予奖补。在落实连片特困地区乡村教师生活补助政策方面，2013—2015 年，中央财政累计安排奖补资金 44 亿元。乡村学校和乡村教师的受益面分别达到 94% 和 87%，604 个县 94.9 万名乡村教师受惠。❶根据国家要求，连片特困地区相继出台标准，如广西壮族自治区提出："统筹中央和自治区财政资金，按每人每月不低于 200 元的标准对连片特困地区乡、村学校、教学点以及其他地区教学点的义务教育教师给予奖励补助。各市、县（市、区）教育局、财政局根据实际情况制定实施办法，明确实施时间、补助范围、发放对象、补助档次标准、发放形式以及公开公示方式等。制定补助档次标准时，要根据教师工作、生活条件的艰苦程度等因素合理确定，重点向条件艰苦地区倾斜，向村小和教学点倾斜，不搞平均主义。"❷截至 2018 年年底，中西部 22 个省份 725 个集中连片特困地区县，有 724 个县实施了乡村教师生活补助政策，覆盖 8.21 万所乡村学校，受益教师

---

❶ 柯进.教育扶贫行动纪实：打响贫困代际传递"阻击战"[N].中国教育报，2015-09-15.

❷ 关于实施连片特殊困难地区乡村义务教育学校及其他地区教学点教师生活补助计划的通知 [EB/OL].（2013-09-12）[2019-06-13]. http：//www.moe.gov.cn/jyb_xwfb/xw_zt/moe_357/s7093/s7777/s7823/s7781/201405/t20140528_169522.html.

127.21 万人。中央财政根据各地实施情况共拨付奖补资金 45.10 亿元，占各地投入的 91.67%。连片特困地区乡村教师生活补助人均月补助额为 324 元，其中，人均月补助额 400 元以上的省份有 7 个，分别是湖南、四川、云南、陕西、青海、宁夏、新疆生产建设兵团；300~400 元的省份有 7 个，分别是山西、内蒙古、吉林、江西、湖北、重庆、甘肃；200~300 元的省份有 7 个，分别是河北、黑龙江、安徽、河南、广西、贵州、西藏；新疆低于 200 元。❶广东省，从 2013 年开始在全省范围内建立山区和农村边远地区义务教育学校教师岗位津贴制度，2016 年起调整为"山区和农村边远地区学校教师生活补助政策"，建立起生活补助长效机制，逐步提高补助标准，2013 年为人均每月不低于 500 元，2014 年提高到不低于 700 元，2016 年为不低于 800 元，2017 年为不低于 900 元，2018 年达到不低于 1000 元。

2015 年，国务院办公厅印发《乡村教师支持计划（2015—2020 年）》，进一步强调："全面落实集中连片特困地区乡村教师生活补助政策，依据学校艰苦边远程度试行差别化的补助标准，中央财政继续给予综合奖补。"在国家政策的引导下，各省相继出台本省《乡村教师支持计划（2015—2020 年）实施办法》，不再仅局限于集中连片特困地区下发教师生活补贴，而是面向所有乡村教师下发生活补贴，如北京市提出："建立市级财政对乡村教师岗位实施生活补助政策，依据不同乡村学校实际情况、教师不同岗位和任教年限试行差别化的补助

---

❶ 关于 2018 年乡村教师生活补助实施情况的通报 [EB/OL].（2019-04-04）[2019-07-26]. http : //www. moe.gov.cn/srcsite/A10/s7030/201904/t20190404_376664.html.

标准,提高乡村教师岗位的吸引力。"❶并相继出台《北京市乡村教师岗位生活补助发放办法》和《北京市乡村教师岗位生活补助发放办法的补充办法》,将所有乡村和山区镇区学校依据距离市中心的直线距离划分为五大类,制定差别化的乡村和山区镇区教师岗位生活补助标准,最近地区教师每月补助 1400 元,最远地区教师每月补助 4000 元。❷安徽省"每年投入 5000 万元发放乡村教师生活补贴,按艰苦和边远程度划分为三类,每人每月按 1000 元、400 元、200 元三档补助,学区再根据偏远程度划分若干档,最偏远学校的老师每月可补助 1300 元,再叠加乡镇工作补贴,可达到 1800 元"。❸浙江淳安临岐镇就采取了这样的方式,除了县里对 6 所位置相对更偏远的乡村学校老师每月发农村特岗津贴 1000 元,临岐镇小的老师每人每月还能拿到 500 元的农村特岗津贴,也可以入住学校附近的教师公寓。❹云南芒市结合乡村学校实际情况、边远程度、困难程度落实差别化补贴标准,按照 500 元、600 元、800 元标准补贴乡村学校教师,并针对山区教师专门发放每人每月 100 元的山区津贴、坝区教师每人每月享受 50 元的坝区津贴。❺

---

❶ 北京市乡村教师支持计划(2015—2020 年)实施办法 [EB/OL]. (2016-01-26) [2019-06-14]. http : // www.moe.gov.cn/jyb_xwfb/xw_zt/moe_357/jyzt_2015nztzl/2015_zt17/15zt17_gdssbf/gdssbf_bj/201601/ t20160126_228896.html.

❷ 关于印发《北京市乡村教师岗位生活补助发放办法的补充办法》的通知 [EB/OL].(2016-10-31)[2019-06-14]. http : //www.beijing.gov.cn/zhengce/wenjian/192/33/50/438650/87031/index.html.

❸ 安徽省太和县"五个围绕"强化乡村教师队伍建设 [EB/OL]. (2018-11-22) [2019-06-14]. http : //www. moe.gov.cn/jyb_xwfb/s6192/s222/moe_1743/201811/t20181122_361069.html.

❹ 储朝晖. 乡村教师需更系统实在的激励 [N]. 中国教育报,2016-03-01(2).

❺ 高慧斌. 乡村教师队伍建设的成效与困难———一项基于中西部五省区乡村教师队伍的调查 [N]. 中国教育报,2018-07-10(8).

（五）实施福利

在不断提高乡村教师工资、生活补助的同时，《乡村教师支持计划（2015—2020 年）》进一步提出："依法为教师缴纳住房公积金和各项社会保险费。在现行制度框架内，做好乡村教师重大疾病救助工作。加快实施边远艰苦地区乡村学校教师周转宿舍建设。各地要按规定将符合条件的乡村教师住房纳入当地住房保障范围，统筹予以解决。"各地在中央政策指导下，均对上述政策予以部署执行，并对相应内容进一步细化，如北京市规定按照每人每年不低于 800 元的标准保障乡村教师享受一次免费常规体检。湖南省提出："重点加大救助特困教师力度。支持省教育基金会建立省、市州、县市区三级联动救助特困教师机制。"湖南龙山县实施"励耕计划""润雨计划""爱烛计划""教育基金会最美乡村教师"等项目，帮助乡村特困教师解决实际困难。广东省实施"乡村园丁关爱工程"，对遭遇重大疾病、自然灾害及其他突发事件的乡村教师进行救助。重庆市强调区县（自治县）设立乡村教师重大疾病救助基金，为身患重大疾病且家庭贫困的乡村教师提供专门救助。

（六）奖励优秀

国家实施的《乡村教师支持计划（2015—2020 年）》提出："鼓励和引导社会力量建立专项基金，对长期在乡村学校任教的优秀教师给予物质奖励。"各省也在本省的"实施办法"中对此明文规定，有些省份切实予以落实，如湖北省设立"湖北省乡村教师奖励基金"，奖励基金旨在鼓励乡村教师专心钻研教育教学业务，促进乡村教育骨干教师队伍建设，培育一批爱岗敬业的乡村学校优秀教师和优秀教育工作者。2016 年，奖励基金审核通过 1956 名从教 30 年以上的优秀乡村教师，每人奖励 3000 元，共发放奖励资金 586.8 万元。❶ 2017 年河北省奖励 270 名优秀乡村教师，每人 1 万元。❷

2019 年，教育部教师工作司、中国教师发展基金会启动实施"乡村优秀青年教师培养奖励计划"❸，遴选 35 周岁以下，在乡村学校任教 5 年以上，目前仍在乡村学校任教的 300 名乡村优秀青年教师，并向深度贫困的"三区三州"倾斜，通过奖励和培养相结合的方式，帮助他们专业成长，使其成为乡村骨干教师，进而发挥他们的示范引领作用，带动乡村教师队伍提升整体素质，推进乡村教育事业持续健康发展。对入选的优秀青年乡村教师每人奖励 1 万元，并通过已实施的名师领航工程，将入选的乡村优秀青年教师分批纳入名师工作室进行培养，各省教育行政部门将入选的乡村优秀青年教师，纳入当地骨干教师、名师等培养序列，予以重点支持和培训，促进其专业成长。

二、编制、岗位激励

我国中小学教师群体有其自身的编制体系。早在 1952 年下发的《中学暂行

---

❶ 教师队伍建设典型工作案例四：关爱教师基金创新工作案例 [EB/OL].（2017-09-01）[2019-06-14]. http ://www.moe.gov.cn/jyb_xwfb/xw_fbh/moe_2069/xwfbh_2017n/xwfb_20170901/sfcl_20170901/201709/t20170901_312867.html.

❷ 河北奖励 270 名优秀乡村教师 [EB/OL].（2017-02-27）[2019-06-14]. https ://www.minshengwang.com/jiaoyu/386640.html.

❸ 关于实施 2019 年乡村优秀青年教师培养奖励计划的通知 [EB/OL].（2019-04-09）[2019-07-26]. http ://www.moe.gov.cn/s78/A10/A10_gggs/s8471/201904/t20190409_377150.html.

章程》中明确提出："中学以班为教学单位。每班学生人数，初中以 50 人、高中以 40 人为原则。教员人数每班以二至三人为原则。教职工名额编制标准另定之。"表现为中学教职工开始建立编制标准，并由国家设置。《小学暂行规程》中提出："小学班数较多、事物较繁的，得酌设事务员。小学教师、教员、工友编制标准，由各省、市人民政府教育行政部门按照本省、市情况定，报告本大行政区教育行政部门备案施行。"小学教职工的编制标准由各省制定。1963 年下发《全日制小学暂行工作条例（草案）》进一步提出："教育部应该会同有关部门适当规定小学教师的编制。"小学教师编制标准改由中央设置。❶ 真正意义上的教师编制标准是在改革开放以后实施的。

（一）民办教师转公办教师

中华人民共和国成立后，尤其 1951 年以后，伴随着新生人民政权的巩固，国民经济的恢复和发展，发展教育成为党和政府工作的主要任务。为了解决当时公办学校不能满足教育需要的问题，国家鼓励和支持群众办学，民办学校、民办教师应运而生。但在民办学校发展的过程中，开始出现教育经费不合理、群众办学缺乏计划和指导等问题，影响了农村教育的正常发展。为此，1953 年，政务院公布了《关于整顿和改进小学教育的指示》，将大批民办中小学校转为公办，中小学民办教师数量大大减少，由 1951 年的 44.78 万人减少到 1957 年

---

❶ 尽管在国家发布的政策中提出了制定中小学教师编制标准，但我们在搜集资料的过程中并没有发现相关的政策文件，这一方面说明可能确实没有发布相应政策文件，另一方面有可能我们占有资料不全，我们仅以所得史料为研究基础，如有缺漏，姑且存疑。

的 15.78 万人，所占比例也由 24.94% 下降到 15.78%。❶1957—1976 年是中国民办教师快速发展时期，由畸形发展到极度膨胀。政治上的"左"倾错误、经济上的极度困难、教育上的师范教育停办等因素使得民办教师在 1977 年达到了顶峰，全国中小学民办教师数量达到 471.2 万人，占全国中小学教师总数的 56%。❷

所谓"民办教师"，有研究者根据 1962 年教育部 330 号文件中提及的"民办教师"解释为"以农民身份履行教师职责的人"，以及《教师法》所提及的"民办教师"为"国家补助，集体支付工资的中小学教师"，认为："民办教师是受聘于国家或集体举办的普通中小学，履行受聘职责，由国家补助，所在集体支付工资或报酬，持有县级以上教育行政部门发放的'民办教师任用证'，并在省级教育部门备案的中小学教师。"❸这意味着，民办教师是"非公家人"。

改革开放以后，为了解决民办教师问题，国家开始通过加强培训和再教育等各种途径提高民办教师素质，并依规将符合条件的民办教师转为公办教师。1979 年，教育部等五部委联合发布《关于边境县（旗）、市中小学民办教师转公办教师的通知》，对边境 136 个县（旗）、市的中小学民办教师（含职工），经考核合格的全部转为公办教师。❹1986 年以后，为了提高农村教师质量，并确保数量，规定各地一律不得再吸收新的民办教师，并通过以下途径吸收教师：

---

❶ 刘英杰. 中国教育大事典（1949—1990 年）[M]. 杭州：浙江教育出版社，1993：681-683.

❷ 同❶。

❸ 王献玲. 中国民办教师始末研究 [D]. 杭州：浙江大学，2005：7-8.

❹ 何东昌. 中华人民共和国重要教育文献（1976—1990）[M]. 海口：海南出版社，1998：1748.

一是下达专项劳动指标 20 万，从民办教师中选招公办教师 ❶；二是辞退或调离第一线的不合格民办教师；三是扩大中师和师专招收民办教师的数额，毕业后为公办教师；四是使一部分年老、残疾的民办教师办理退休手续，妥善解决这部分民办教师的生活困难。截止到 1997 年，为实现保"两基"、促"两全"，采取每年安排 20 万"民转公"指标（总计 80 万）、扩大师范学校定向招收民办教师的数量合计约 14 万人、辞退不合格民办教师并根据教龄等情况给予一次性的生活补贴等举措。❷ 民办教师转为公办教师，从编制上确定了民办教师的社会地位，也因此享受到公办教师享有的"公家人"的一切待遇，稳定了乡村教师队伍，保证了乡村教育的顺利开展。

（二）统一城乡教师编制标准

农村学校教职工编制是教师身份的重要标志，是教师依法获得工资福利等待遇的依据。改革开放以后，我国分别于 1984 年、2001 年和 2014 年进行了三次教师编制调整。1984 年实施的《关于中等师范学校和全日制中小学教职工编制标准的意见》，确定了班级人数，其中班数是核定中小学教师及职工编制的基本标准，并有城乡之别，乡村教师编制数少于城镇教师编制数，其主要原因是农村地区学校分散、规模小、学生少等情况，因而班学额和编制标准有所不同（见表 5.1）❸。

---

❶ 何东昌 . 中华人民共和国重要教育文献（1976—1990）[M]. 海口：海南出版社，1998：2537.

❷ 何东昌 . 中华人民共和国重要教育文献（1993—1997）[M]. 海口：海南出版社，1998：4265.

❸ 何东昌 . 中华人民共和国重要教育文献（1949—1975）[M]. 海口：海南出版社，1998：2248.

表 5.1　全日制中小学教职工编制标准参考表

单位：人

区域	城　镇				农　村			
类型	每班平均学生数	每班平均教职工数			每班平均学生数	每班平均教职工数		
		总计	教师	职工		总计	教师	职工
高中	45~50	4.0	2.8	1.2	45~50	4.0	2.8	1.2
初中	45~50	3.7	2.5	1.2	40~45	3.5	2.5	1.0
小学	40~45	2.2	1.7	0.5	30~35	1.4	1.3	0.1

2001 年发布的《关于制定中小学教职工编制标准意见的通知》，提出："中小学教职工编制根据高中、初中、小学等不同教育层次和城市、县镇、农村等不同地域，按照学生数的一定比例核定。"❶ 在这次的编制标准中进一步将区域细化，分为城市、县镇、农村，并确立了不同的生师比编制标准（见表 5.2）。

表 5.2　2001 年中小学教职工编制标准

类型	城市	县镇	农村
高中	1：12.5	1：13	1：13.5
初中	1：13.5	1：16	1：18
小学	1：19	1：21	1：23

这种向城镇倾斜的编制政策在一定程度上一方面造成了农村中小学教师编制的紧缺问题，另一方面也在一定程度上存在不公平的嫌疑。2014 年，中央编办、教育部财政部联合发布《关于统一城乡中小学教职工编制标准统一的

---

❶ 转发中央编办、教育部、财政部关于制定中小学教职工编制标准意见的通知 [EB/OL]. （2010-01-29）[2019-06-19]. http：//www.moe.gov.cn/jyb_xxgk/moe_1777/moe_1778/201001/t20100129_180778.html.

通知》，规定："将县镇、农村中小学教职工编制标准统一到城市标准，即高中教职工与学生比为 1：12.5、初中为 1：13.5、小学为 1：19。" ❶ 城乡教师平等的编制标准得以确立，看似简单的编制公平，实质上意味着教育资源配置的公平，意味着更多地在乡村工作的教师可以享受编制带来的一切工资待遇的保障并不断提高，有利于乡村教师队伍的稳定。

（三）向乡村小规模学校和乡镇寄宿制学校编制倾斜

2015 年我国实施《乡村教师支持计划（2015—2020 年）》，开启面向最薄弱的地区全面启动加强乡村教师队伍建设，但由于小规模学校和小班额的广泛存在，以及大量的乡村寄宿制学校，教师缺编依然较为严重，不仅整体上缺编，而且结构性缺编更为严峻。为了解决这一问题，2018 年国务院办公厅发布《关于全面加强乡村小规模学校和乡镇寄宿制学校建设的指导意见》，提出："完善编制岗位核定。对小规模学校实行编制倾斜政策，按照生师比与班师比相结合的方式核定编制；对寄宿制学校应根据教学、管理实际需要，通过统筹现有编制资源、加大调剂力度等方式适当增加编制。按照核定的编制，及时为乡村学校配备合格教师，保障所有班级开齐开足国家规定的课程，保障小规模学校少先队辅导员配备。各省（区、市）要统筹制定寄宿制学校宿管、食堂、安保等工勤服务人员及卫生人员配备标准，满足学校生活服务基本需要。" ❷ 明确规

---

❶　关于统一城乡中小学教职工编制标准的通知 [EB/OL].（2014-12-09）[2019-06-19]. http：//www.moe. edu.cn/s78/A10/A10_gggs/s8471/201412/t20141209_181014.html.

❷　关于全面加强乡村小规模学校和乡镇寄宿制学校建设的指导意见 [EB/OL].（2018-05-02）[2019-06-19]. http：//www.gov.cn/zhengce/content/2018-05/02/content_5287465.htm.

定了如下内容：小规模学校教师配置标准参照生师比与班师比相结合来确定；按需适当增加寄宿制学校编制；各省（区、市）统筹制定寄宿制学校工勤服务人员及卫生人员配备标准。其宗旨是保障所有班级开齐开足国家规定的课程和满足学校生活服务基本需要。

向乡村小规模学校和乡镇寄宿制学校编制倾斜体现了教师在教育发展中的基础作用，教师是提升办学水平的关键要素，也因此提升了乡村教师在乡村学校、乡村教育发展的重要作用。这种通过编制倾斜激励的方式方法有利于乡村教师地位的提升，有利于提高乡村教师的获得感。

（四）特岗"编制"

在我国 300 余万的乡村教师群体中，有一批特设岗位教师，截至 2016 年，人数已经达到约 59 万名。这一群体的出现，是为了进一步解决中西部农村教师职业吸引力不高、队伍不稳定，甚至学历不达标等问题。国家于 2006 年启动实施的《农村义务教育阶段学校教师特设岗位计划实施方案》，规定中央财政设立专项资金，在事权不变的前提下，在全国 13 个省份及新疆生产建设兵团推广实施"特岗计划"，吸引专科及以上学历的毕业生到农村任教，通过服务期限制，予以实施。该计划实施至今，从最初岗位安排在农村初中，适当兼顾乡镇中心学校，到优先满足村小和教学点的教师补充，到满足连片特困地区和国家扶贫重点县村小和教学点，到优先满足"三区三州"等深度贫困地区县村小和教学点，可以看出特岗编制已经深入到我国最边远、最贫困的村小和教学点，为边远、贫困地区补充了师资。

特岗所体现出来的编制特征在于中央财政设立专项资金，用于这类教师的工资性支出，标准从 2006 年人均每年的 18960 元，不断提高到 2017 年人均每年的 34600 元（西部）和 31600 元。凡特岗教师收入水平高于国家标准的，其高出部分由县财政负担。与此同时，特岗教师在服务期满后，可根据当地要求转为正式在编教师。这一特设岗位编制，吸引了广大优秀毕业生投身乡村教育，不仅弥补了农村学校教师数量的不足，也在一定程度上提高了乡村教师队伍的质量，更对乡村教师队伍优化产生了积极影响。

（五）支教与扶贫的特殊岗位

为了缓解乡村教师数量不足的问题，2006 年，原国家人事部等八部委联合下发《关于组织开展高校毕业生到农村基层从事支教、支农、支医和扶贫工作的通知》，明确提出：从 2006 年开始连续 5 年，每年招募 2 万名高校毕业生，主要安排到乡镇从事支教、支农、支医和扶贫工作。以招募、考核的方式确定人选，"三支一扶"计划服务期限一般为 2~3 年，工作期间给予一定的生活、交通补贴，统一办理人身意外伤害保险和住院医疗保险，上述费用及所需工作管理经费，由地方财政安排专项经费予以支付，中央财政将通过不断加大转移支付力度予以支持。服役期满后，针对不同取向采取不同奖励和支持，如自主创业者，可享受行政事业性收费减免、小额贷款担保和贴息等有关政策；到国家需要的艰苦地区、艰苦行业工作的基层工作者，服务达到国家规定年限，并符合相应条件的，可享受国家助学贷款代偿政策；报考党政机关公务员者，可以通过适当增加分数以及其他优惠政策，优先录用；到西部地区和艰苦边远地区服务 2 年以上，服务期满后 3 年内报考硕士研究生者，初试总分加 10 分，同等条件下优先录取。该计划 2019 年在全国招募 2.9 万人。各省在国家政策的带动下，纷纷实施省域内的"三支一扶"计划，如江西省于 2016—2020 年实施第三轮"三支一扶"计划，规定给予相关人员不低于每月 2000 元的标准。❶

在实施高校毕业生支教的同时，2012 年，教育部等五部门联合下发《关于印发〈边远贫困地区、边疆民族地区和革命老区人才支持计划教师专项计划实施方案〉的通知》，❷ 提出：从 2013 年起至 2020 年，每年选派 3 万名优秀幼儿园、中小学（含普通高中，下同）和中等职业学校教师到"三区"支教一年，原则上选派中级以上专业技术职务的骨干教师。采取省会城市、中心城市的优质教师资源和培训资源支持省份内的受援县。新疆（含兵团）、西藏、青海以及确定了东西扶贫协作关系的西部省份的教师选派和培训工作，可以通过援疆、援藏、援青机制以及东西扶贫协作关系，由对口支援的省（区、市）承担一部分教师选派和培训工作任务。在支教期限内，原工资福利待遇不变，按月发放工作补助、交通差旅费用以及购买意外保险等补助。"受援县义务教育阶段教师选派工作经费由中央财政和地方财政按照年人均 2 万元标准共同分担，其中：西部省份由中央财政负担；中部省份由省级财政和中央财政按 1∶1 比例分担；东部省份由省级财政自行负担。（截至 2018 年年底）各项目省（区、市）和新疆生产建设兵团共派出 10.62 万名教师到'三区'受援县支教，中央财政累计

❶ 江西提高"三支一扶"人员待遇 [J]. 中国大学生就业，2016（19）：32.
❷ 教育部等五部门关于印发《边远贫困地区、边疆民族地区和革命老区人才支持计划教师专项计划实施方案 》的通知 [EB/OL].（2013-01-09）[2019-07-26]. http：//old.moe.gov.cn//publicfiles/business/htmlfiles/moe/s7046/201301/xxgk_146349.html.

安排专项工作经费 14.15 亿元，主要用于支教教师的交通、生活费用补助。"❶ 服务期满后，其支教经历视同城镇教师到农村教育工作经历，符合规定条件的，在工资、职务（职称）晋升、计算基层工作经历、研究生考试等方面，按现有倾斜政策执行。对于选派工作期间业绩突出、基层欢迎的特别优秀人员，按国家有关教师奖励的规定予以表彰奖励。

退休教师也成为支持乡村教育的重要力量。2018 年，教育部、财政部下发《银龄讲学计划实施方案》的通知，❷ 从 2018—2020 年，面向社会公开招募一批 65 岁以下的优秀退休校长、教研员、特级教师、高级教师等到农村义务教育学校讲学，发挥优秀退休教师引领示范作用，为农村学校提供智力支持，缓解农村学校优秀师资总量不足和结构不合理等矛盾。讲学教师服务时间不少于 1 学年，鼓励考核合格的连续讲学，原有退休待遇不变。受援县要为讲学教师提供周转宿舍，配备必要的生活设施，并按月发放工作补助、交通差旅费用及购买意外保险费等补助，讲学教师工作经费由中央财政和地方财政按照年人均 2 万元标准共同分担。在国家政策的带动下，地方也实施类似政策，招募退休教师支援乡村学校。2019 年，广西壮族自治区下发《关于公开招募 2019—2020 学年广西优秀退休教师乡村支教志愿者的公告》，招募 1515 名优秀退休教师，到连片特困地区的县、连片特困地区以外的国家扶贫开发工作重点县、自治区级扶贫开发工作重点县、天窗县、民族县、边境县和部分有扶贫开发任务的县中

---

❶ 关于政协十三届全国委员会第一次会议第 2474 号（教育类 243 号）提案答复的函 [EB/OL].（2019-01-30）[2019-07-26]. http：//www.moe.gov.cn/jyb_xxgk/xxgk_jyta/jyta_jiaoshisi/201901/t20190130_368583.html.

❷ 关于印发《银龄讲学计划实施方案》的通知 [EB/OL].（2018-07-19）[2019-07-26]. http：//www.moe.gov.cn/srcsite/A10/s7151/201807/t20180719_343448.html.

的乡村学校支教，受援地区为支教志愿者提供工作、生活、安全等方面的必要条件，优秀退休教师支教志愿者按照 3 万元 / 学年 / 人的标准进行生活补助（1 学年按照 10 个月计 ）。

（六）乡村教师职称评聘政策从与城镇教师大体相当到向乡村教师倾斜

20 世纪 70 年代末，我国确立了改革开放的基本国策，尊师重教成为教育领域改革的先导，与之相关的教师职称（职务）评聘制度改革也契合这一时代要求。1985 年，《中共中央关于教育体制改革的决定》颁布，这是继"经济体制改革"和"科学技术体制改革"后，我国颁布的又一重大纲领性文件。其中提出："建立一支有足够数量的、合格而稳定的师资队伍。采取特定的措施提高中小学教师和幼儿教师的社会地位和生活待遇，鼓励他们终身从事教育事业。"❶其目的是通过一种特定的措施，提高教师社会地位和待遇。

1986 年，我国开始启动实施中小学教师职称制度改革，初步确立了中、小学教师两个独立的职称序列，2007 年进一步明确了参照事业单位高级、中级、初级确定比例。❷在这期间所实施的政策进一步明确规定："先大中城市后城镇农村，先基础较好的学校后其他学校，先评审高级、一级教师后评审二、三级教师等步骤，分期分批进行。"可以说，改革从实施步骤上优先考虑城镇教师。

❶ 中共中央关于教育体制改革的决定 [EB/OL]. （1985-05-27）[2019-06-19]. http：//www.moe.edu.cn/publicfiles/business/htmlfiles/moe/moe_177/200407/2482.html.

❷ 高慧斌 . 中小学教师职称制度改革特征与现状分析 [J] 教师教育研究，2016（11）：25-31.

而在具体结构比例中则规定："农村地区学校教师高级、中级岗位结构比例，应与本地城镇同类学校大体平衡。"❶ 这表明，农村地区教师职称结构比例并非严格实行，与城镇大体相当即可。2009 年起，我国启动中小学教师职称改革试点，试图建立统一的中小学教师职称制度，并与事业单位聘用制度和岗位管理制度相衔接，2011 年，改革试点进一步扩大，其中城乡教师中职称均强调"农村教师职称结构比例与城镇教师大体一致"，但由于城乡二元结构的深入影响，乡村教师在职称评定中无论高级职称的比例，但各地在具体的实施过程中却呈现出乡村教师不仅获得中高级职称的比例明显低于城镇，且难度也较大。根据 2011—2013 年的教育统计数据测算得出：乡村教师具有高级职称的比例仅为 4.2%，比全国平均的 10.8% 低 6.6 个百分点，比城区教师的 16.2% 更低了 12.0 个百分点。在初级职称中，乡村教师的比例为 44.9%，高于城区教师 12.2 个百分点。❷

为了吸引更多的优秀人才到乡村学校从教，2015 年，人事部、教育部联合印发《关于深化中小学教师职称制度改革的指导意见》，明确提出："对农村教师予以适当倾斜，稳定和吸引优秀教师在边远贫困地区乡村小学和教学点任教……在乡村学校任教（含城镇学校教师交流、支教）三年以上、经考核表现突出并符合具体评价标准条件的教师，同等条件下优先评聘。"2015 年国家印发的《乡村教师支持计划（2015—2020）年》进一步明确："实现县域内城乡学校教师岗位结构比例总体平衡，切实向乡村教师倾斜。乡村教师评聘职称（职

---

❶ 关于印发《〈事业单位岗位设置管理试行办法〉实施意见》的通知 [EB/OL].（2006-11-17）[2019-06-19]. http：//www.gov.cn/zwgk/2006-11/17/content_445979.htm.

❷ 数据依据中国教育统计年鉴 2011—2013 年的基础数据测算得出。

务）时不做外语成绩（外语教师除外）、发表论文的刚性要求。"不仅要求从结构比例上明确向乡村教师倾斜，而且在评审标准上也强调乡村教师不做外语和论文的刚性要求。2016年，国务院发布《关于统筹推进县域内城乡义务教育一体化改革发展的若干意见》，强调："确定县域统一的义务教育学校岗位结构比例，完善职称评聘政策，逐步推动县域内同学段学校岗位结构协调并向乡村适当倾斜。"进一步强调了城乡教师职称结构比例一致，并向乡村教师倾斜。这一系列向乡村教师倾斜的职称评定政策在一定程度上吸引了优秀人才在乡村学校安心从教、终身从教。

在中央政策的部署下，地方政府切实采取具体举措，在执行的过程中明确了职称向乡村教师倾斜的比例，河北省石家庄市提出："专业技术中高级岗位设置要向乡村学校倾斜，在规定的比例上限内上浮2个百分点。"❶湖南省长沙市明确提出："适当调整乡镇及以下学校教师岗位结构比例，中级增加5个百分点，高级增加3个百分点，重点用于解决在乡村学校工作满20年和30年，目前分别还是初级、中级职称、符合评审条件与标准的乡村学校教师。"❷武汉市规定："乡村学校高中级岗位可结合各区实际在规定的结构比例上限内上浮，其中，高级岗位可上浮5%，中级岗位可上浮10%。"❸也有省份明确规定达到一定工作年限的农村教师，在符合条件的情况下不受岗位结构比例限制，如河南省明确提

---

❶ 关于印发《石家庄市乡村教师支持计划（2016—2020年）实施办法》的通知[EB/OL].（2017-06-02）[2019-06-27]. http://www.sjz.gov.cn/col/1490952424710/2017/06/02/1496368966214.html.

❷ 关于印发《长沙市乡村教师支持计划（2016—2020年）实施细则》的通知[EB/OL].（2016-09-02）[2019-06-27]. http://www.changsha.gov.cn/xxgk/szfxxgkml/zfgb/2016zf/201601_33825/201609/t20160902_995094.html.

❸ 印发关于加强全市乡村教师队伍建设实施方案的通知[EB/OL].（2016-10-12）[2019-06-27]. http://www.wh.gov.cn/hbgovinfo/zwgk/szfxxgkml/fggw/bgtwj/201610/t20161012_89409.html.

出："在农村学校从教且教龄男满 30 年、女满 25 年的在岗在编教师，符合申报条件的，可不受岗位结构比例限制，直接评聘为中小学高级教师。"❶ 福建省提出："在乡村学校任教累计满 25 年且仍在乡村学校任教的教师，已取得中、高级专业技术职务任职资格的，可不受核准岗位数限制定向聘用。"❷ 新疆维吾尔自治区提出："建立乡村学校教师特设岗位制度，对在乡村连续任教满 30 年的优秀教师，评聘高级职务不占岗位职数；对在乡村连续任教满 15 年以上的教师，设置专业技术职务评聘单独通道，单独组织、单列评审指标，按自愿原则申报，聘任后须继续在乡村学校任教 5 年以上。"❸ 内蒙古自治区提出："对于在乡村学校教学一线连续从事教育教学工作满 25 年，取得高、中级专业技术资格，且距法定退休年龄不足 3 年的优秀教师，可不受岗位数的限制聘用到相应岗位。各地在中小学教师职称评审和岗位聘用时，应为乡村青年教师单列计划。"❹ 不仅提出乡村优秀老教师不受岗位比例限制，而且针对乡村青年教师提出职称评审和岗位聘用要求计划单列，既鼓励青年教师，又特殊关照老教师。

从设立以提高中小学教师社会地位和待遇为初衷的中小学教师职称制度开

❶ 关于全面深化新时代教师队伍建设改革的实施意见新闻发布会 [EB/OL].（2019-05-17）[2019-06-27]. https：//www.henan.gov.cn/2019/05-17/793823.html.

❷ 福建省人民政府关于全面深化新时代教师队伍建设改革的实施意见 [EB/OL].（2018-10-18）[2019-06-27]. http：//www.moe.gov.cn/jyb_xwfb/xw_zt/moe_357/jyzt_2018n/2018_zt03/zt1803_ls/201810/t20181018_352009.html.

❸ 新疆维吾尔自治区人民政府关于全面深化新时代教师队伍建设改革的实施意见 [EB/OL].（2018-10-30）[2019-06-27]. http：//www.moe.gov.cn/jyb_xwfb/xw_zt/moe_357/jyzt_2018n/2018_zt03/zt1803_ls/201810/t20181030_353164.html.

❹ 内蒙古自治区人民政府关于全面深化新时代教师队伍建设改革的实施意见 [EB/OL].（2018-10-30）[2019-06-27]. http：//www.moe.gov.cn/jyb_xwfb/xw_zt/moe_357/jyzt_2018n/2018_zt03/zt1803_ls/201810/t20181030_353162.html.

始，中小学教师的工资待遇水平直接与职称层次挂钩，职称越高，工资水平也越高。乡村教师结构比例和评审标准在实际操作中从最初的与城镇教师的差距，到缩小差距，到向乡村教师职称倾斜，其实质是在提高乡村教师的社会地位、提高乡村教师的生活待遇水平和不断提高乡村教师的职业吸引力。

三、荣誉激励

我国素有尊师重教的传统，最典型的"天地君亲师"中将"师"与"天地君亲"相提并论，不仅呈现出历史中教师的真实地位，而且也是对教师予以极高的赞誉。中华人民共和国成立后，为了更好地建设教师队伍，除不断提高教师工资和待遇外，也通过给予荣誉激励教师更好地从事教育事业。1955 年，教育部印发《关于推选优秀教师的几点意见的通知》，明确提出各省推荐优秀教师的条件和召开优秀教师代表大会，优秀教师成为荣誉激励的一种类型。改革开放后，我国教师荣誉制度作为一种激励机制逐步建立起来，如从 1978 年开始实施的《关于评选特级教师的暂行规定的通知》，为发展中国特色的国家教师荣誉制度奠定基础。此后，我国又相继出台多种有关教师荣誉的政策，如 1983 年出台《全国优秀少年先锋队辅导员奖励条例》，1992 年印发《教师和教育工作者奖励暂行规定》，2001 年发布《关于表彰全国优秀教师和全国优秀教育工作者的决定》，2007 年实施《关于表彰全国教育系统先进集体和全国模范教师、全国教育系统先进工作者的决定》等，都是从不同方面给予教师荣誉。在国家政策的带动下，地方乃至学校也出台一些政策，赋予教师荣誉。2010 年我国发布《国家中长期教育改革与发展规划纲要（2010—2020 年）》明确提出"建立教师荣誉制度"，提出建立教师荣誉制度体系的要求。

有研究者通过调查研究发现："我国教师荣誉体系初具规模：从国家（含部级）、省（含自治区、直辖市）、市（含区、县），到学校层面，整个教师荣誉体系呈现'金字塔'形结构；也涵盖综合类、教学类、德育类等多个类别的荣誉项目；也包括教师个人荣誉项目和教师集体荣誉项目。但在整体上仍然呈现制度化不足的特征，从教师荣誉的称号设置、教师荣誉颁授规模与周期、教师荣誉的评审标准，到教师荣誉的评审程序、教师荣誉的影响力、教师荣誉的待遇配套和教师荣誉的后续管理，都亟待制度的规范。"❶

乡村教师作为教师队伍的组成部分，其荣誉更多的包含在教师队伍整体中。其真正成为一个单独群体被单列荣誉，或有倾斜性的荣誉，是在 2015 年国家实施《乡村教师支持计划（2015—2020 年）》以后，该计划明确提出"建立乡村教师荣誉制度"。主要包含以下几个方面：第一，国家对在乡村学校从教 30 年以上的教师按照有关规定颁发荣誉证书；第二，省（区、市）、县（市、区、旗）分别对在乡村学校从教 20 年以上、10 年以上的教师给予鼓励；第三，各省级人民政府可按照国家有关规定对在乡村学校长期从教的教师予以表彰；第四，鼓励和引导社会力量建立专项基金，对长期在乡村学校任教的优秀教师给予物质奖励；第五，在评选表彰教育系统先进集体和先进个人等方面要向乡村教师倾斜。2016 年，教育部、人力资源社会保障部联合下发《关于做好乡村学校从教 30 年教师荣誉证书颁发工作的通知》提出，从 2016 年起，组织开展"乡村学校从教 30 年教师荣誉证书"颁发工作,为坚守多年的乡村教师送上国家荣誉。

---

❶　朱旭东.中国教师荣誉制度研究[M].北京：北京师范大学出版社，2013：159.

此外, 2011 年, 由光明日报、北京广播电视台联合举办的大型系列公益活动 "寻找最美乡村教师" 在北京启动, 后成为影响深远的社会公益活动, 教育行政部门也参与其中, 不断推动该活动。感动中国的公益活动也有大量乡村教师入选, 给予乡村教师极大荣誉, 让全社会了解乡村教师, 尊重乡村教师。

基于国家提出的给予乡村教师的各项荣誉, 各省、自治区、直辖市既遵循国家政策, 又基于本省实际有所创新。从整体上看, 各省均提出各项荣誉向乡村教师倾斜, 有的省份直接提出具体倾斜的比例, 如湖北省提出向乡村教师倾斜比例不低于 30%, 内蒙古自治区提出乡村学校和乡村教师所占比例不得低于 20%, 宁夏回族自治区提出不低于 30%。贵州、山东、山西、江西、天津、四川等省份提出, 乡村教师在各项荣誉中名额单列。江西、宁夏等省份提出, 优秀乡村教师代表可到省内职工疗养点休假疗养。湖南、青海省专设乡村优秀教师奖项。海南省专门设立 "优秀乡村教师" "优秀特岗教师" 奖项, 定期表彰奖励一批优秀乡村教师和特岗教师。河北省提出每两年组织开展在乡村工作 15 年以上, 为农村教育事业做出突出贡献的在职乡村教师和教育工作者予以奖励, 每次奖励 300 人左右, 每人奖励 10000 元。甘肃省不仅提出各项荣誉向乡村教师倾斜, 而且对其子女也有相应倾斜, 规定对乡村从教 20 年以上教师的子女, 在省内教师招考时, 同等条件下优先招录; 市州及县市区政府要结合实际制定本地区高中升学照顾政策。

第6章 乡村教师激励制度
实施现状调查研究

一、调查说明与指标体系

为了更好地考察我国乡村教师激励政策实施情况，本研究自 2017 年以来，先后实地调研湖南湘西山区、云南德宏自治州、甘肃甘南、黑龙江哈尔滨、宁安乡村地区。2019 年 9 月 17 日至 9 月 30 日，在全国东中西部江苏省、山东省、河北省、湖南省、河南省、内蒙古自治区、四川省、云南省、甘肃省九个省、自治区，通过问卷星平台向乡村教师开展激励政策实施现状问卷调查，回收问卷 8259 份，经筛选有效问卷 8075 份。其中，乡中心区学校教师问卷 3389 份，乡村小学教师问卷 4106 份，教学点教师问卷 580 份；东部乡村教师问卷 2509 份，中部乡村教师问卷 2595 份，西部乡村教师问卷 2971 份；云南省问卷 1039 份、四川省 1366 份、甘肃省 566 份、河南省 661 份、湖南省 1250 份、内蒙古 684 份、河北省 761 份、山东省 677 份、江苏省 1071 份。具体信息分别还涉及性别、年龄、教龄、职称等，详见表 6.1。

表 6.1　乡村教师激励政策实施现状调查基本情况表 ●

（单位：份）

类别		总数	乡中心区	乡村小学	教学点
		8075	3389	4106	580
性别	男	3296	1446	1523	327
	女	4779	1943	2583	253
年龄	35 周岁及以下	2800	1041	1573	186
	35~49 周岁	3615	1688	1703	224
	50 周岁及以上	1660	660	830	170
教龄	5 年以下	1849	665	1062	122
	5~10 年	962	371	526	65
	11~15 年	452	195	237	20
	16~20 年	886	424	419	43
	20 年以上 30 年以下	2564	1203	1180	181
	30 年以上	1362	531	682	149
职称	未评职称	1042	348	623	71
	三级教师	152	60	79	13
	二级教师	2781	1198	1378	205
	一级教师	3157	1333	1585	239
	高级教师	930	443	439	48
	正高级教师	13	7	2	4

● 在乡村教师职称分布中由于正高级教师数量仅有 13 份，因此分析中将正高级教师纳入高级教师中一并分析。

类别		总数	乡中心区	乡村小学	教学点
		8075	3389	4106	580
区域	东部	2509	1046	1317	146
	中部	2595	916	1507	172
	西部	2971	1427	1282	262
省、自治区	云南	1039	556	392	91
	四川	1366	746	501	119
	甘肃	566	125	389	52
	河南	661	191	346	124
	湖南	1250	490	734	26
	内蒙古	684	235	427	22
	河北	761	282	435	44
	山东	677	260	362	55
	江苏	1071	504	520	47

　　基于本书构建的乡村教师激励框架（见第三部分），设置了三级指标体系，一级指标主要包括补偿性激励、保障性激励和发展性激励；其中补偿性激励下设职前学费代偿、奖励、补助、救助、住房优惠和子女教育优惠二级指标，保障性激励下设办公条件、工资收入、住房环境、任教安全、职后培训二级指标，发展性激励下设奖励、专业发展水平、乡村融入、地位与受尊重程度二级指标。最终呈现依据三级指标的结果并以二级指标为基准。

　　在可靠性统计量测量时，检验结果量表 Cronbach's Alpha 系数值为 0.879，各项删除的 Cronbach's Alpha 值在 0.859~0.874 之间，校正后的各项与总分的相关系数在 0.522~0.721 之间，说明量表具有非常好的一致性，具有较高的信度。

为检验量表的建构效度,我们采用变量因素的相关性检验和因子分析,检验显示,KMO 值为 0.907,表明这些变量进行因子分析的效果很好;在 Bartlett 球形度检验,按 $\alpha=0.05$ 水准,$P=0.000<0.001$,可认为相关矩阵不是单位阵,即意味着变量高度相关足够为因子分析提供合理基础。

在描述性、差异性和相关性分析中,我们应用 Spss19.0 统计分析工具,通过频次、单因素方差、列联分析以及双变量相关等分析方法,对调查结果进行分析。与此同时,我们开展了针对 50 名乡村教师的结构访谈,综合问卷调查和访谈得出相关结论。

二、乡村教师激励实施基本情况

(一)补偿性激励满意略低,且不同区域、地域、群体之间存在差距

补偿性激励主要包括对刚入职的乡村教师予以职前学费代偿、一次性入职奖励,入职以后的生活补助、交通补助、救助、购房特殊优惠和对其子女接受教育的优惠。

1. 补偿性激励更多体现在生活补助和交通补助上

从总体上看,九省乡村教师在补偿性激励中均有学费代偿、入职时的一次性奖励、物质奖励、生活补助、交通补助、大病救助、困难救助、购房优

惠和子女教育优惠，但在有和没有的差距上却非常明显。如享受到学费代偿的乡村教师占比仅有 7.62%、享有一次性奖励的占 12.90%、购房中享有购房优惠的占 7.18%、子女教育中享有子女教育优惠政策的占 6.77%。相对于上述补偿激励，更多的乡村教师在生活补助和交通补助中获益。其中，生活补助享有者达到 59.08%，交通补助享有者比例达到 35.78%。这与国家政策规定和各省政策执行着重强调落实差异性的生活补助和交通补助相一致（见图 6.1）。

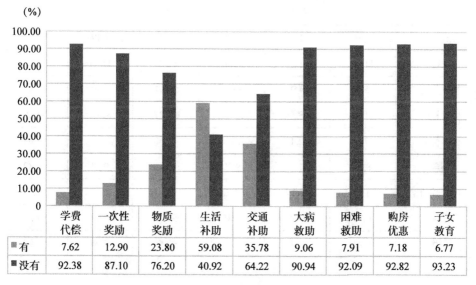

	学费代偿	一次性奖励	物质奖励	生活补助	交通补助	大病救助	困难救助	购房优惠	子女教育
■ 有	7.62	12.90	23.80	59.08	35.78	9.06	7.91	7.18	6.77
■ 没有	92.38	87.10	76.20	40.92	64.22	90.94	92.09	92.82	93.23

图 6.1　补偿性激励分布

不同区域乡村教师享有补偿性激励占比各有不同。学费代偿中，东部乡村教师享有的比例最高为 9.70%，西部乡村教师享有的比例最低仅有 4.49%；一次性奖励中,中部乡村教师享有的比例最高为 15.61%;物质奖励中,中部乡村教师最高为 26.59%;生活补助西部乡村教师享有比例达到 66.40%;交通补助东部乡村教师享有比例达到 47.55%,中部仅为 27.40%;购房优惠西部乡村教师享有比例高于东中部,为 7.80%;子女教育东部乡村教师享有比例为 8.23%,西部仅有 5.06% 的乡村教师享受到(见表 6.2)。

表 6.2　东中西部乡村教师享有补偿性激励占比

（单位：%）

类别	东部		中部		西部	
	有	没有	有	没有	有	没有
学费代偿	8.93	91.07	9.70	90.30	4.49	95.51
一次性奖励	11.80	88.20	15.61	84.39	11.48	88.52
物质奖励	25.03	74.97	26.59	73.41	20.34	79.66
生活补助	51.85	48.15	57.69	42.31	66.40	33.60
交通补助	47.55	52.45	27.40	72.60	33.16	66.84
大病救助	8.04	91.96	9.90	90.10	9.18	90.82
困难救助	6.83	93.17	8.63	91.37	8.17	91.83
购房优惠	6.75	93.25	6.85	93.15	7.80	92.20
子女教育	8.23	91.77	7.45	92.55	5.06	94.94

不同地域乡村教师享有补偿性激励占比各有不同。教学点教师享受学费代偿占比 11.38%、一次性奖励占比 15.17%、生活补助占比 59.66%、大病救助占比 11.55%、困难救助占比 10.77%、购房优惠占比 7.84%。这七个方面均高于乡中心区和村小教师,体现出最边远、最困难地区享受到政策红利的初衷(见表 6.3)。

表6.3 乡中心区、村小、教学点教师享受补偿性激励占比

（单位：%）

类别	乡中心区		村小		教学点	
	有	没有	有	没有	有	没有
学费代偿	6.71	93.29	7.82	92.18	11.38	88.62
一次性奖励	12.10	87.90	13.25	86.75	15.17	84.83
物质奖励	23.46	76.54	24.43	75.57	21.38	78.62
生活补助	58.34	41.66	59.62	40.38	59.66	40.34
交通补助	38.57	61.43	33.76	66.24	33.79	66.21
大病救助	9.14	90.86	8.66	91.34	11.55	88.45
困难救助	7.69	92.31	7.69	92.31	10.77	89.23
购房优惠	6.48	93.52	7.68	92.32	7.83	92.17
子女教育	6.78	93.22	6.77	93.23	6.68	93.32

2. 补偿性激励满意比例低于 15%

调查数据显示，乡村教师对于补偿性激励满意的占比为 14.75%，其中非常满意的比例仅占 3.38%，不满意的比例达到 49.52%，其中非常不满意占 17.31%（见图 6.2）。

东中西部乡村教师对补偿性激励满意占比略有不同，其中，东部乡村教师满意占比最高，达到 20.4%，西部最低仅占 9.70%，中部占比为 15.00%。不同地域乡村教师对补偿性激励满意占比略有不同，教学点教师对补偿性激励满意占比达到 21.2%，明显高于村小教师的 15.0% 和乡中心区教师的 13.4%。不同年龄教师对补偿性激励满意占比略有不同，50 周岁及以上和 35 周岁以下教师满意占比相差非常小，且明显高于 35~49 周岁教师，分别为 17.2% 和 17.1%，35~49 周岁教师满意占比仅为 11.8%（见表 6.4）。

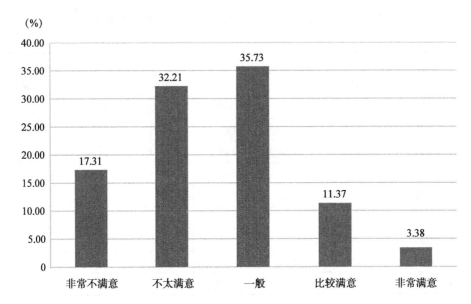

图 6.2　乡村教师对补偿性激励满意占比

表 6.4　不同区域、地域、群体乡村教师对补偿性激励满意占比分布

（单位：%）

类别		非常不满意	不太满意	一般	比较满意	非常满意
区域	东部	16.10	25.90	37.70	14.30	6.10
	中部	15.90	31.50	37.50	12.10	2.90
	西部	19.60	38.20	32.50	8.20	1.50
地域	乡中心区	18.90	33.30	34.40	10.20	3.20
	村小	16.40	31.80	36.90	11.80	3.20
	教学点	14.30	29.10	35.30	15.20	6.00
年龄	35 周岁以下	14.40	29.80	38.80	13.00	4.10
	35~49 周岁	19.90	33.30	35.00	9.40	2.40
	50 周岁及以上	16.60	34.00	32.20	13.00	4.20

（二）保障性激励满意比例略高于补偿性激励

保障性激励主要包含乡村教师办公条件、工资收入开销及增长、住房需求及支出、任教安全和专业培训。

1. 任教安全、办公条件、居住条件等保障性激励乡村教师满足占比较高

从总体上看，保障性激励中任教安全满足乡村教师需求的占比最高达到62.20%，其次是办公条件满足需求的占比为48.90%，居住条件满足需求的占比也达到41.10%，工资收入满足日常生活需要的占比为26.90%，子女教育满足需求的占比最低为17.81%（见表6.5）。

表6.5 保障性激励满足乡村教师需求占比

（单位：%）

类别	完全不够	不太够	一般	基本满足	完全满足
办公条件	6.40	18.90	25.80	39.60	9.30
工资收入	15.20	32.10	25.80	24.40	2.50
居住条件	8.10	20.10	30.60	35.60	5.50
子女教育	21.52	38.22	22.69	15.61	2.20
任教安全	2.90	9.30	25.70	49.40	12.80

东中西部保障性激励满足乡村教师需求的占比略有不同，东部乡村教师对保障性激励中各项指标的满意比例都明显高于西部和中部，其中任教安全满足需求占比达到68.43%，分别高于西部和中部11和14个百分点；办公条件满足需求比例为58.11%，分别高于西部和中部15和17个百分点；中部乡村教师除

对子女教育满足需求比例高于西部 0.9 个百分点外，其他均低于西部，但差距并不大，处于东中西部的最低（见表 6.6）。

表 6.6　东中西部保障性激励满足需求比例

（单位：%）

类型	东部		中部		西部	
	不够	够	不够	够	不够	够
办公条件	18.73	58.11	23.64	40.43	29.28	42.88
工资收入	38.94	33.44	42.80	21.54	52.51	23.22
居住条件	25.95	43.92	27.38	33.09	27.23	41.33
子女教育	49.79	24.90	62.82	14.80	65.37	13.82
任教安全	9.37	68.43	9.88	53.92	15.08	56.88

不同地域保障性激励满足乡村教师需求的占比略有不同，从总体上看乡中心区的保障性激励满足乡村教师需求的比例高于村小和教学点教师，但差距不大，除居住条件差距超过 7 个百分点之外，均低于 5 个百分点。这其中需要说明的是在子女教育满足需求中，尽管教学点教师满足的比例达到 39.33%，分别高于村小教师和乡中心区教师 22 个百分点和 20 个百分点，但通过访谈发现，这一数据明显高出的原因主要与教学点教师年龄偏大，子女成年率较大，子女教育需求不高有关（见表 6.7）。

表 6.7　不同地域保障性激励满足需求比例

（单位：%）

类别	乡中心区		村小		教学点	
	不够	够	不够	够	不够	够
办公条件	23.90	50.49	26.77	47.93	23.97	45.52

续表（单位：%）

类别	乡中心区		村小		教学点	
	不够	够	不够	够	不够	够
工资收入	47.12	28.53	47.32	25.91	48.10	24.66
居住条件	26.41	44.97	29.93	38.50	26.90	37.24
子女教育	59.26	18.61	60.46	16.58	33.66	39.33
任教安全	11.66	64.71	12.57	60.55	11.72	59.14

2. 两成乡村教师对 5 年内工资增长满意

自 2015 年国家实施《乡村教师支持计划（2015—2020 年）》以来，各地依据国家政策，并结合本地区经济发展水平，均在一定程度上提高乡村教师工资水平。调查显示，超过 21.60% 的乡村教师对近 5 年工资增长水平满意（见图 6.3）

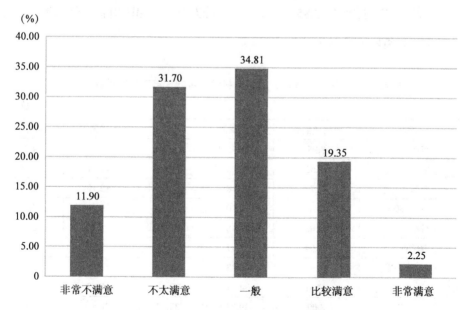

图 6.3 乡村教师对近 5 年工资增长满意占比

从东中西部不同区域看，东部乡村教师对近 5 年工资增长满意比例最高，达到 33.78%，分别高出中部和西部 14 个百分点和 20 个百分点，西部乡村教师对工资增长满意比例占比较低，为 13.67%。从不同地域乡村教师看，乡中心区和村小教师满意比例分别为 21.71% 和 21.74%，相差比例微小，仅有 0.03 个百分点，教学点教师满意比例较低，为 19.97%，但与乡中心区教师和村小教师差距不大，不到 2 个百分点。从不同年龄段教师看，50 周岁及以上乡村教师对近 5 年工资增长满意比例较高，达到 29.59%，且明显高于 35 周岁以下和 35~49 周岁教师，分别高出 10.11% 和 10.48%。其原因通过访谈发现，一方面教师工资直接与职称挂钩，通常情况下 50 周岁及以上教师职称等级较高，另一方面这一年龄段教师家庭经济负担相对较小。从各省乡村教师看，山东乡村教师对近 5 年工资增长满意占比最高，达到 44.30%，其次是江苏，达到 37.01%，西部的甘肃省满意占比也达到 23.85%，较低的省份为云南省和四川省，分别为 11.61% 和 11.14%，省际差距较大（见表 6.8）。

表 6.8　不同区域、地域、群体乡村教师对近 5 年工资增长满意占比

（单位：%）

类别		非常不满意	不太满意	一般	比较满意	非常满意
区域	东部	8.95	22.95	34.31	28.87	4.91
	中部	12.55	31.26	37.08	17.97	1.14
	西部	13.77	39.18	33.38	12.70	0.97
地域	乡中心区	12.87	32.10	33.32	19.19	2.52
	村小	11.08	31.46	35.72	19.74	2.00
	教学点	11.94	30.97	37.13	17.54	2.43
年龄	35 周岁以下	11.98	28.83	39.71	16.85	2.63
	35~49 周岁	13.61	34.59	32.67	17.53	1.61
	50 周岁及以上	8.09	29.05	33.27	26.45	3.14

续表（单位：%）

	类别	非常不满意	不太满意	一般	比较满意	非常满意
省、自治区、直辖市	云南	15.17	40.43	32.79	10.90	0.71
	四川	15.47	41.14	32.25	10.44	0.70
	甘肃	6.92	31.92	37.31	21.73	2.12
	河南	16.81	30.28	36.27	14.98	1.66
	湖南	11.79	32.46	36.81	18.40	0.54
	内蒙古	9.52	29.98	38.45	20.28	1.76
	河北	9.47	30.27	40.32	19.08	0.86
	山东	8.83	19.10	27.77	31.94	12.36
	江苏	8.65	20.13	34.20	33.99	3.02

3. 近四成乡村教师享受学校提供的周转房和宿舍

有 38.80% 的教师享有学校提供的周转房或宿舍，其中有 20.30% 教师工作日住在学校提供的宿舍，周末回自己的房子。有超过 50% 的教师购买了自己的房子（见图 6.4）。

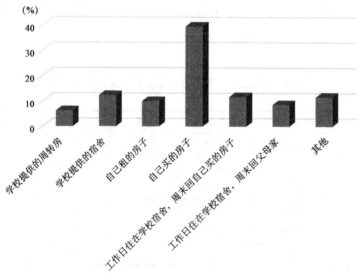

图 6.4　乡村教师住房情况占比

住房支出在一定程度上影响着乡村教师生活，影响占比超过 50%，不影响乡村教师生活的为 18.2%（见图 6.5）。

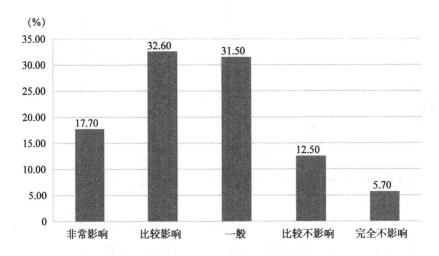

图 6.5　住房支出影响乡村教师生活占比

东中西部乡村教师之间，乡中心区、村小和教学点教师之间，住房支出影响占比基本在 50% 左右，差距较小（见表 6.9）。

表 6.9　不同区域、地域乡村教师住房支出影响占比

（单位：%）

类别		非常影响	比较影响	一般	比较不影响	完全不影响
区域	东部	18.57	31.45	32.36	11.20	6.42
	中部	16.38	31.71	31.68	13.68	6.55
	西部	18.11	34.43	30.56	12.52	4.38
地域	乡中心区	18.26	31.43	30.51	13.01	6.79
	乡村	16.88	33.85	32.08	12.42	4.77
	教学点	20.17	31.03	32.93	9.83	6.03

4. 近八成教师能够参加专业培训

调查数据显示，78.13% 的教师能够参加专业培训。在不同地域和不同年龄教师中参加培训的比例差距细微。如村小教师参加专业培训的比例相对较高，为 78.40%，教学点教师略低，为 76.55%。不同年龄中，50 周岁及以上教师参加培训比例为 78.80%，其次为 35 周岁以下教师的 78.14%，35~49 周岁教师的 77.81%，三者之间差距不足 1 个百分点。但在东中西区域分布上和省际分布上，乡村教师参加培训的比例差距较大，其中东部 90.31% 的乡村教师能够参加培训，但中部和西部能够参加培训的比例分别为 74.10% 和 71.36%，比东部分别低 16 个百分点和 19 个百分点；山东省乡村教师参加培训比例达到 94.09%，甘肃省则为 69.26%（见表 6.10）。

表 6.10　乡村教师参加培训区域分布比例

（单位：%）

区域	能	不能
东部	90.31	9.69
中部	74.10	25.90
西部	71.36	28.64

5. 保障性激励满意比例超过 15%

从整体上看，乡村教师对保障性激励满意比例为 16.74%，非常满意比例为 2.75%；乡村教师对保障性激励不满意比例为 41.60%，其中非常不满意比例为 11.43%（见图 6.6）。

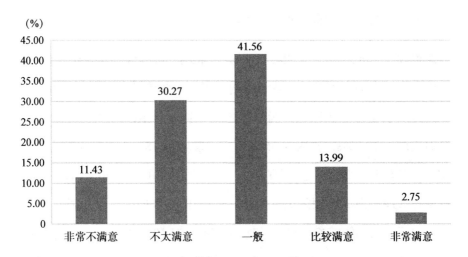

图 6.6　保障性激励满意比例

从区域分布上看，东中西部乡村教师对保障性激励满意比例差距较大，其中东部满意比例最高，达到 23.55%，中部为 16.96%，西部为 10.81%，东部比中部和西部分别高出近 7 个百分点和 13 个百分点。从地域分布上看，教学点教师对保障性激励满意比例为 19.49%，高于村小和乡中心区 3 个百分点。但在访谈中发现，教学点教师对保障性激励的满意度高于村小和乡中心区，主要源于近 5 年针对教学点教师各方面的改善力度较大，让教学点教师切身体会到收入的不断增加、办公环境的不断改善（见表 6.11）。

表 6.11　不同区域、地域乡村教师保障性激励满意占比

（单位：%）

类别		非常不满意	不太满意	一般	比较满意	非常满意
区域	东部	8.97	24.39	43.08	18.17	5.38
	中部	10.94	28.25	43.85	14.84	2.12
	西部	13.93	36.99	38.27	9.73	1.08

类别		非常不满意	不太满意	一般	比较满意	非常满意
地域	乡中心区	12.95	31.25	39.48	13.46	2.86
	乡村小学	10.23	30.03	43.03	14.22	2.48
	教学点	11.03	26.21	43.28	15.52	3.97

（三）发展性激励满意比例高于补偿性和保障性满意比例

发展性激励主要包含奖励、专业发展及成长预期实现、乡村融入和社会尊重。虽然办公环境的不断改善、工资水平的不断提高、住房条件的不断提高一直是激励的重要组成部分，但其更主要的属于保障性激励中。因此，在发展性激励中我们不予以探讨，我们将对其工资水平的期待略作说明。

1. 荣誉奖励占比高于培训和出国研修奖励

奖励是对乡村教师工作的有效激励之一。首先，为了更好地探索乡村教师发展性激励现状，我们设定包含专门授予乡村教师的荣誉、外出获得培训学习和出国研修奖励三个指标，这其中的外出培训学习奖励，主要源于我国已建立起国培、省培、市培、区县培训和校本培训五级体系，但对于乡村教师而言，参与最多的培训是校本培训，其次，区县级培训，且往往是面向全体教师的，相对较难获得走出本县市或本省的高级培训的机会。调查数据显示，接受过荣誉奖励的乡村教师占比为23.15%，明显高于外出培训学习的13.31%和出国研修的2.08%（见图6.7）。

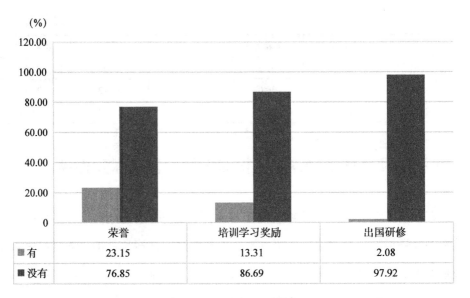

图 6.7　乡村教师奖励分布

　　从不同区域、地域等方面来看，针对乡村教师的奖励占比有一定的差距。如从东中西部来看，西部对乡村教师的荣誉奖励占比较高，为24.91%，中部给予乡村教师本县市或本省外出培训学习和出国研修的占比较高，分别为17.76%。再如教学点教师获得荣誉的占比较高，为33.28%，村小教师获得去外省市县培训学习的奖励占比略高于教学点教师和乡中心区学校教师，为13.76%，教学点教师获得出国研修奖励的占比为6.21%，高于村小教师和乡中心区学校教师，这说明教学点教师更多地享受到政策红利。从年龄分布看，50周岁及以上教师享受的荣誉奖励更多，占比达到43.07%，外省市县培训学习和出国研修享受较多的则是35周岁以下年轻教师，分别为14.50%和3.93%。

2. 专业培训水平和成长预期满足占比接近五成

专业培训是提升教师专业发展、促进教师自我成长的重要途径。通过设定培训层次（国培、省培、市培、县培、校培）、培训内容（教育理念、专业知识、专业技能）、培训方式（线上、线下、线上与线下相结合等）和培训方法（讲授、观摩、研讨、专家指导下的研修等）四项内容，考察乡村教师专业发展情况，通过设定是否达到成长预期，考察促进乡村教师发展成长的效果。调查显示，培训方法满足乡村教师需求的比例为 47.82%，培训方式满足的比例为 47.45%，培训内容满足的比例为 46.55%，培训层次满足的占比为 40.29%。培训达到成长预期的占比达到 38.81%（见图 6.8）。

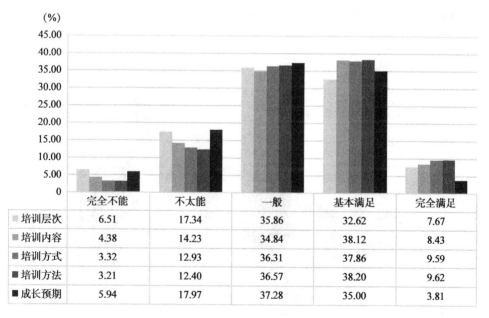

(%)	完全不能	不太能	一般	基本满足	完全满足
培训层次	6.51	17.34	35.86	32.62	7.67
培训内容	4.38	14.23	34.84	38.12	8.43
培训方式	3.32	12.93	36.31	37.86	9.59
培训方法	3.21	12.40	36.57	38.20	9.62
成长预期	5.94	17.97	37.28	35.00	3.81

图 6.8　乡村教师培训及专业成长预期满足占比

从不同区域看，东部乡村教师成长预期满足比例最高，达到47.74%，其次是西部，为38.61%，中部最低，为30.41%。从不同地域看，教学点教师专业成长预期较高，为39.82%，其次为乡中心区教师，为39.66%，村小教师略低，为37.97%。从年龄分布看，50周岁及以上教师成长预期满足比例最高，达到52.29%，并呈现年龄越低，成长预期满足占比越低的趋势，其中35周岁以下教师成长预期满足比例仅为25.66%。

3. 近六成乡村教师帮助过村民

乡村融入的指标由两项指标构成，一为乡村教师受邀请参加乡村活动，一为村民需要乡村教师帮助，其中，25.85%的乡村教师受邀请参加过乡村活动，有59.46%的乡村教师因村民需要帮助过村民（见图6.9）。

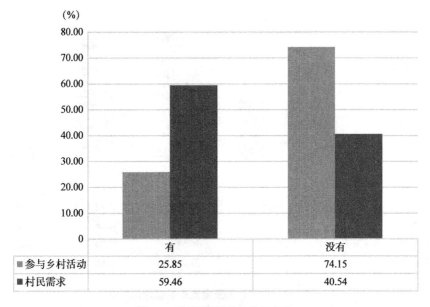

	有	没有
■参与乡村活动	25.85	74.15
■村民需求	59.46	40.54

图6.9 乡村教师融入乡村占比

从不同区域看，西部乡村教师帮助村民的比例最高，达到 67.82%，东部为 57.79%，中部最低，为 51.48%。从不同地域看，教学点教师帮助过村民的占比最高，达到 69.48%，其次是乡中心区，为 59.10%，村小略低，为 58.33%。从不同年龄看，年龄越大的教师帮助过村民的比例越高，其中，50 周岁及以上教师占 77.83%，35 周岁以下教师仅占 37.57%。

4. 近五年乡村教师地位和受尊重程度有所改变

调查数据显示，15.95% 的乡村教师认为近五年教师地位有显著改善，12.46% 的乡村教师认为受社会尊重的程度有显著改善，12.35% 的乡村教师认为受家长尊重的程度有显著改善（见图 6.10）。

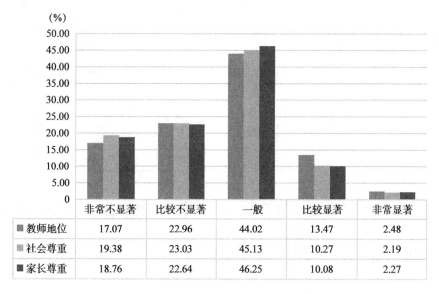

图 6.10　近 5 年来乡村教师地位及受尊重程度

从区域分布上看，东部乡村教师认为地位显著改善的占 24.67%，明显高于中部和西部，西部乡村教师认为地位显著改善的占比仅为 7.71%，比东部低16.96%。从地域分布上看，乡中心区、村小和教学点教师认为教师地位显著改善的占比比较接近，均在 16% 左右。从年龄分布上看，50 周岁及以上乡村教师认为地位显著改善的占比较高，为 19.77%，分别高于 35 周岁以下教师和 35~49周岁教师 4.13 个百分点和 5.22 个百分点，35~49 周岁教师认为地位显著改善占比较低，为 14.55%（见表 6.12）。

表 6.12　不同区域、地域、年龄乡村教师地位提高情况占比

（单位：%）

	类别	非常不显著	比较不显著	一般	比较显著	非常显著
区域	东部	12.00%	18.02%	45.32%	19.69%	4.98%
	中部	13.76%	23.16%	46.13%	15.07%	1.89%
	西部	24.23%	26.96%	41.10%	6.83%	0.88%
地域	乡中心区	18.38%	23.61%	42.28%	13.22%	2.51%
	乡村小学	16.27%	22.36%	45.25%	13.86%	2.26%
	教学点	15.00%	23.45%	45.52%	12.24%	3.79%
年龄	35 周岁以下	17.31%	25.83%	41.32%	12.93%	2.71%
	35~49 周岁	18.20%	22.72%	44.53%	12.63%	1.92%
	50 周岁及以上	14.22%	18.71%	47.50%	16.33%	3.44%

5. 发展性激励满意比例近 20%，且高于补偿性激励和保障性激励

调查数据显示，乡村教师对发展性激励满意比例达到 19.30%，其中非常满意占比为 3.68%，不满意比例为 37.61%，其中非常不满意比例为 11.05%（见图6.11）。

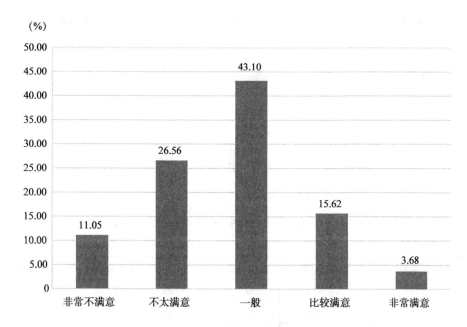

图 6.11　发展性激励满意占比

同补偿性激励和保障性激励相比，发展性激励满意占比最高，比保障性激励高出 2.26 个百分点，比补偿性激励高出 4.55 个百分点（见图 6.12）。

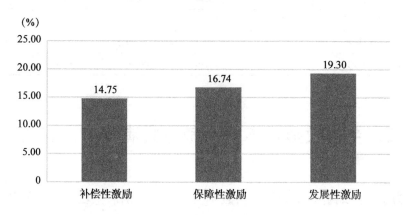

图 6.12　不同激励类型满意占比

从区域分布上看，东部乡村教师对发展性激励满意占比最高，达到28.06%；其次为中部，满意比例占19.27%；西部最低，满意比例为11.91%。从地域上看，教学点教师对发展性激励满意占比最高，达到22.24%；再有村小，为19.56%；乡中心区相对最低，为18.47%。从不同年龄看，50周岁及以上教师对发展性激励满意比例最高，为23.13%；其次是35周岁以下教师，满意比例为21.00%；35~49周岁教师满意比例相对较低，为16.21%（见表6.13）。

表6.13　不同区域、地域、年龄乡村教师发展性激励满意占比

（单位：%）

类别		非常不满意	不太满意	一般	比较满意	非常满意
区域	东部	8.61	20.61	42.73	21.88	6.18
	中部	9.98	23.35	47.40	16.03	3.24
	西部	14.04	34.40	39.65	9.96	1.95
地域	乡中心区	12.45	27.59	41.49	15.17	3.30
	乡村小学	10.16	25.89	44.40	15.98	3.58
	教学点	9.14	25.34	43.28	15.69	6.55
年龄	35周岁以下	9.39	23.43	46.18	16.46	4.54
	35~49周岁	12.56	29.54	41.69	13.53	2.68
	50周岁及以上	10.54	25.36	40.96	18.73	4.40

三、乡村教师对不同激励方式满意的差异性

为了更好地看到不同的乡村教师对激励制度的满意状况，我们基于方差分析及事后检验的方法，考察乡村教师不同群体对补偿性激励、保障性激励

和发展性激励的差异性，以此更有针对性地满足不同群体乡村教师对各种激励的需求。

（一）不同群体乡村教师对补偿性激励满意存在显著差异性

基于方差分析和列联分析，乡村教师不同群体对补偿性激励满意存在显著的差异性。东中西部乡村教师对补偿性激励满意存在非常显著的差异。从区域东中西部看，方差检验 $P<0.001$，三者之间存在非常显著的差异，东部乡村教师满意均值最高为 2.68，中部和西部依次为 2.55 和 2.34。从地域乡中心区、村小和教学点看，方差检验 $P<0.01$，三者之间存在显著差异，教学点教师对补偿性激励满意均值最高为 2.69，村小教师次之为 2.54，乡中心区满意均值最低为 2.46。性别差异性也非常显著，方差检验 $P<0.001$，女教师满意均值明显高于男教师；不同年龄教师差异性非常显著，方差检验 $P<0.001$，35 周岁以下教师满意均值最高为 2.63，35~49 周岁教师满意均值最低为 2.41；不同职称乡村教师差异性非常显著，方差检验 $P<0.001$，未评职称教师满意均值最高为 2.77，最低为二级教师；不同编制乡村教师满意均值存在非常显著差异，方差检验 $P<0.001$，支教教师满意均值最高为 3.04，在编教师最低为 2.48；不同省与省之间乡村教师差异性非常显著，方差检验 $P<0.001$，山东省乡村教师满意均值最高为 2.94，四川和云南较低，分别为 2.29 和 2.27（见表 6.14）。

表 6.14　乡村教师不同群体对补偿性激励满意差异性分析表

类别		样本数	均值	标准差	均值的 95% 置信区间		方差检验（P）
					下限	上限	
区域	东部	2509	2.68	1.090	2.64	2.73	
	中部	2595	2.55	0.992	2.51	2.58	0.000
	西部	2971	2.34	0.933	2.31	2.37	
地域	乡中心区	3389	2.46	1.011	2.42	2.49	
	村小	4106	2.54	1.001	2.50	2.57	0.001
	教学点	580	2.69	1.080	2.61	2.78	
性别	男	3296	2.42	1.069	2.38	2.45	0.000
	女	4779	2.58	0.967	2.55	2.61	
年龄	35 周岁以下	2800	2.63	1.015	2.59	2.66	
	35~49 周岁	3615	2.41	0.987	2.38	2.44	0.000
	50 周岁及以上	1660	2.54	1.044	2.49	2.59	
职称	未评职称	1042	2.77	1.033	2.70	2.83	
	三级教师	152	2.65	0.998	2.49	2.81	
	二级教师	2781	2.45	0.982	2.41	2.48	0.000
	一级教师	3157	2.47	1.016	2.43	2.51	
	高级教师	943	2.50	1.041	1.83	3.10	
编制	在编教师	6884	2.48	0.999	2.46	2.51	
	交流轮岗教师	137	2.52	1.092	2.33	2.70	
	支教教师	74	3.04	1.164	2.77	3.31	0.000
	特岗教师	172	2.52	0.964	2.37	2.66	
	聘任教师	524	2.63	1.026	2.54	2.72	

续表

类别		样本数	均值	标准差	均值的 95% 置信区间		方差检验（*P*）
					下限	上限	
省、自治区、直辖市	云南	1039	2.27	0.919	2.22	2.33	0.000
	四川	1366	2.29	0.912	2.24	2.33	
	甘肃	566	2.58	0.972	2.50	2.67	
	河南	661	2.69	1.108	2.60	2.77	
	湖南	1250	2.45	0.908	2.40	2.50	
	内蒙古	684	2.59	1.003	2.51	2.66	
	河北	761	2.65	0.931	2.58	2.71	
	山东	677	2.94	1.298	2.84	3.04	
	江苏	1071	2.55	1.022	2.49	2.61	

（二）不同群体乡村教师对保障性激励满意存在显著差异

基于方差分析和列联分析，乡村教师不同群体对保障性激励满意存在显著的差异性。从区域东中西部看，东中西部乡村教师对保障性激励满意存在非常显著的差异。方差检验 $P<0.001$，三者之间存在非常显著的差异，东部乡村教师满意均值最高为 2.87，中部和西部依次为 2.69 和 2.47。从地域乡中心区、村小和教学点看，方差检验 $P<0.01$，三者之间存在显著差异，教学点教师对保障性激励满意均值最高为 2.75，村小教师次之为 2.69，乡中心区满意均值最低为 2.62。性别差异性也非常显著，方差检验 $P<0.001$，女教师满意均值明显高于男教师；不同年龄教师差异性非常显著，方差检验 $P<0.001$，50 周岁以上教师满意均值最高为 2.75，35~49 周岁教师满意均值最低为 2.57；

不同职称乡村教师差异性非常显著,方差检验 $P<0.001$,未评职称教师满意均值最高为 2.90,最低为二级教师 2.55;不同编制乡村教师满意均值存在非常显著的差异,方差检验 $P<0.001$,支教教师满意均值最高为 3.09,交流轮岗教师最低为 2.49;省与省之间乡村教师差异性非常显著,方差检验 $P<0.001$,山东省乡村教师满意均值最高为 3.09,云南和四川较低,分别为 2.41 和 2.40(见表 6.15)。

表 6.15 保障性激励满意度差异性分析表

类别		样本数	均值	标准差	均值的95%置信区间		方差检验 (P)
					下限	上限	
区域	东部	2509	2.87	0.991	2.83	2.9	0.000
	中部	2595	2.69	0.926	2.65	2.73	
	西部	2971	2.47	0.887	2.44	2.5	
地域	乡中心区	3389	2.62	0.967	2.59	2.65	0.001
	村小	4106	2.69	0.924	2.66	2.72	
	教学点	580	2.75	0.978	2.67	2.83	
性别	男	3296	2.59	0.996	2.56	2.63	0.000
	女	4779	2.71	0.908	2.69	2.74	
年龄	35周岁以下	2800	2.74	0.929	2.70	2.77	0.000
	35~49周岁	3615	2.57	0.938	2.54	2.60	
	50周岁及以上	1660	2.75	0.978	2.70	2.79	
职称	未评职称	1042	2.90	0.907	2.84	2.95	0.000
	三级教师	152	2.74	0.954	2.58	2.89	
	二级教师	2781	2.55	0.942	2.51	2.58	
	一级教师	3157	2.65	0.945	2.62	2.68	
	高级教师	930	2.78	0.950	2.72	2.85	
	正高级教师	13	2.38	1.044	1.75	3.02	

类别		样本数	均值	标准差	均值的 95% 置信区间		方差检验（*P*）
					下限	上限	
编制	在编教师	6884	2.64	0.944	2.61	2.66	0.000
	交流轮岗教师	137	2.49	0.986	2.32	2.66	
	支教教师	74	3.09	1.075	2.85	3.34	
	特岗教师	172	2.71	0.890	2.58	2.84	
	聘任教师	524	2.85	0.934	2.77	2.93	
省、自治区、直辖市	云南	1039	2.41	0.868	2.36	2.47	0.000
	四川	1366	2.40	0.860	2.35	2.45	
	甘肃	566	2.74	0.935	2.67	2.82	
	河南	661	2.73	0.980	2.65	2.8	
	湖南	1250	2.66	0.879	2.61	2.71	
	内蒙古	684	2.70	0.955	2.63	2.77	
	河北	761	2.82	0.858	2.76	2.88	
	山东	677	3.09	1.168	3.00	3.18	
	江苏	1071	2.76	0.934	2.70	2.81	

（三）不同群体乡村教师对发展性激励满意存在显著差异

　　基于方差分析和列联分析，乡村教师不同群体对发展性激励满意存在显著的差异性。从区域东中西部看，东中西部乡村教师对发展性激励满意存在非常显著的差异。方差检验 *P*<0.001，三者之间存在非常显著的差异，东部乡村教师满意均值最高为 2.96，中部和西部依次为 2.79 和 2.51。从地域乡中心区、村小和教学点看，方差检验 *P*<0.001，三者之间存在非常显著差异，教学点教师对

发展性激励满意均值最高为 2.85，村小教师次之为 2.77，乡中心区满意均值最低为 2.69。性别差异性也非常显著，方差检验 $P<0.001$，女教师满意均值明显高于男教师；不同年龄教师差异性非常显著，方差检验 $P<0.001$，35 周岁以下教师满意均值最高为 2.83，50 周岁以上教师满意均值为 2.71，35~49 周岁教师满意均值最低为 2.64；不同职称乡村教师差异性非常显著，方差检验 $P<0.001$，未评职称教师满意均值最高为 3.05，最低为二级教师 2.60；不同编制乡村教师满意均值存在非常显著差异，方差检验 $P<0.001$，支教教师满意均值最高为 3.22，交流轮岗教师最低为 2.50；省与省之间乡村教师差异性非常显著，方差检验 $P<0.001$，山东省乡村教师满意均值最高为 3.18，云南和四川较低，分别为 2.46 和 2.45（见表 6.16）。

表 6.16　发展性激励满意度差异性分析

类别		样本数	均值	标准差	均值的95%置信区间		方差检验（P）
					下限	上限	
区域	东部	2509	2.96	1.008	2.92	3.00	0.000
	中部	2595	2.79	0.938	2.76	2.83	
	西部	2971	2.51	0.920	2.48	2.55	
地域	乡中心区	3389	2.69	0.982	2.66	2.73	0.000
	村小	4106	2.77	0.957	2.74	2.80	
	教学点	580	2.85	1.009	2.77	2.93	
性别	男	3296	2.65	1.019	2.62	2.69	0.000
	女	4779	2.81	0.933	2.78	2.83	

续表

类别		样本数	均值	标准差	均值的 95% 置信区间		方差检验（*P*）
					下限	上限	
年龄	35 周岁以下	2800	2.83	0.964	2.80	2.87	
	35~49 周岁	3615	2.64	0.955	2.61	2.67	0.000
	50 周岁及以上	1660	2.81	1.002	2.76	2.86	
职称	未评职称	1042	3.05	0.955	2.99	3.11	
	三级教师	152	2.88	0.906	2.74	3.03	
	二级教师	2781	2.60	0.964	2.57	2.64	
	一级教师	3157	2.73	0.965	2.69	2.76	0.000
	高级教师	930	2.85	0.956	2.79	2.91	
	正高级教师	13	2.69	1.109	2.02	3.36	
编制	在编教师	6884	2.70	0.967	2.68	2.73	
	交流轮岗教师	137	2.50	0.892	2.35	2.65	
	支教教师	74	3.22	0.969	2.99	3.44	0.000
	特岗教师	172	2.86	0.854	2.73	2.99	
	聘任教师	524	3.02	0.983	2.94	3.11	
省、自治区、直辖市	云南	1039	2.46	0.907	2.40	2.51	
	四川	1366	2.45	0.899	2.40	2.50	
	甘肃	566	2.77	0.953	2.69	2.85	
	河南	661	2.85	0.997	2.77	2.92	
	湖南	1250	2.75	0.875	2.70	2.79	0.000
	内蒙古	684	2.82	0.986	2.75	2.90	
	河北	761	2.97	0.916	2.91	3.04	
	山东	677	3.18	1.144	3.10	3.27	
	江苏	1071	2.82	0.953	2.76	2.88	

四、影响乡村教师对激励满意的相关性

为了探索乡村教师对各种类型激励的满意程度与何种因素相关，我们设定了两个维度，即物质需要和精神需要。物质需要方面主要包含工资增长、住房改善、任教安全；精神需要分为两个层面，即专业认同和职业伦理需要。专业认同是教师专业精神的重要组成部分，主要包含教师的专业性、灵魂性（人类灵魂的工程师）和奉献性，职业伦理即教师追求幸福的权利。通过上述指标与各种类型激励满意程度的相关性分析，我们发现与乡村教师对各种类型激励满意程度相关的因素非常复杂，与多种因素都存在显著的关系，主要表现在以下几个方面。

（一）乡村教师工资增长、住房改善和任教安全得到满足的程度与各种类型激励满意程度呈显著正相关

工资增长、住房改善和任教安全是乡村教师从事教育的基本需要，无论社会环境、教育环境有何种变化，这一需要是作为人的乡村教师的最低层次的需要，但这一层次的需要会伴随激励层次的不断提高而有所提升，是较为复杂的交叉关系，调查数据的相关性分析也证明了这一点。

基于双变量 Pearson 相关分析，按 $\alpha = 0.01$ 水准，补偿性激励满意程度、保障性激励满意程度和发展性激励满意程度与工资收入、住房条件、任教安全间的相关系数有统计学意义，$r > 0$，表明呈正相关，即它们之间存在着正相关关系。这表明，乡村教师工资收入越高、住房条件越好、任教越安全，对补偿性

激励、保障性激励和发展性激励的满意程度越高。因此,不断提高教师工资待遇、改善住房条件和提供安全的任教环境,是不断提高激励满意程度的重要举措(见表 6.17)。

表 6.17　不同激励层次与工资收入、住房条件和任教安全相关性

变量 1	变量 2	Pearson 相关性(相关系数 *r*)	显著性(双侧)(*P*)	意义
补偿性激励满意程度	工资收入	0.450**	0.000	正相关关系
	住房条件	0.339**	0.000	正相关关系
	任教安全	0.369**	0.000	正相关关系
保障性激励满意程度	工资收入	0.477**	0.000	正相关关系
	住房条件	0.385**	0.000	正相关关系
	任教安全	0.402**	0.000	正相关关系
发展性激励满意程度	工资收入	0.448**	0.000	正相关关系
	住房条件	0.339**	0.000	正相关关系
	任教安全	0.400**	0.000	正相关关系

** 表示 *P* 在 0.01 水平(双侧)上显著相关。

(二)乡村教师专业认同程度高低与各种类型激励满意程度呈显著正相关

教师专业认同是教师专业精神的第一个层次,包含个人认同和组织认同,在个人认同中多细化到教师信念、教师性情和教师价值;在组织认同中,更多

是教师的自主性和奉献意愿。●基于上述理论，我们设定的乡村教师专业认同指标主要包含以教师信念为核心的专业性认知、奉献性认知和价值性认知。调查数据显示，乡村教师对教师的专业认同度较高，其中，81.77%的乡村教师相信教师职业是专业性较强的职业，71.72%的乡村教师相信教师职业是需要不断奉献的职业，69.71%的乡村教师相信教师是人类灵魂的工程师。乡村教师所具备的较高的专业认同能有效体现出教学中的德行，才能自觉地把教学作为一种道德实践来进行（见图6.13）。

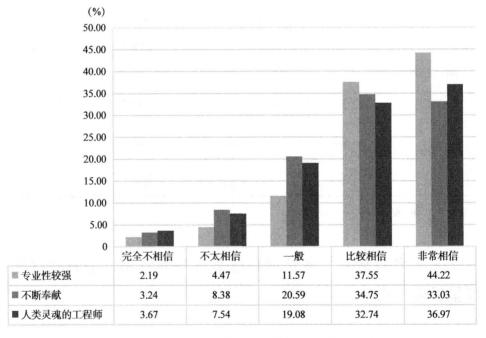

	完全不相信	不太相信	一般	比较相信	非常相信
专业性较强	2.19	4.47	11.57	37.55	44.22
不断奉献	3.24	8.38	20.59	34.75	33.03
人类灵魂的工程师	3.67	7.54	19.08	32.74	36.97

图6.13　乡村教师专业认同情况

● 朱旭东.教师专业精神研究[M].北京：北京师范大学出版社，2017：4.

　　基于方差分析和列联分析，不同乡村教师对专业认同存在显著的差异性。从区域上看，东中西部乡村教师对发展性激励满意存在非常显著的差异。方差检验 $P<0.001$，东部乡村教师专业认同均值最高为 4.16，中部和西部依次为 4.01 和 3.90。从地域乡中心区、村小和教学点看，方差检验 $P<0.01$，三者之间存在显著差异，教学点教师对专业认知均值最高为 4.01，村小教师次之为 4.00，乡中心区教师专业认知为 3.97。不同性别之间对专业认知方差检验 $P>0.05$，不存在差异；不同年龄教师对专业认知方差检验 $P>0.05$，不存在差异；不同职称乡村教师对教师专业认知 $P<0.05$，存在差异，未评职称教师和高级教师对专业认知均值较高，为 4.11；不同编制乡村教师专业认知存在非常显著差异，方差检验 $P<0.001$，聘任教师专业认知均值最高，为 4.16，支教教师专业认知均值较低，为 3.84；省与省之间乡村教师专业认知差异性非常显著，方差检验 $P<0.001$，山东省和河北省乡村教师专业认知均值较高，分别为 4.30 和 4.29，云南、四川和湖南乡村教师专业认知均值较低，均为 3.88（见表 6.18）。

表 6.18　不同乡村教师对专业认知的差异性

类别		样本数	均值	标准差	均值的 95% 置信区间		方差检验（P）
					下限	上限	
区域	东部	2509	4.16	0.966	4.01	4.33	0.000
	中部	2595	4.01	1.001	3.72	4.14	
	西部	2971	3.90	1.092	3.73	4.17	
地域	乡中心区	3389	3.97	1.051	3.79	4.24	0.007
	村小	4106	4.00	1.026	3.84	4.18	
	教学点	580	4.01	1.019	3.86	4.20	

类别		样本数	均值	标准差	均值的95%置信区间		方差检验（P）
					下限	上限	
性别	男	3296	3.91	1.113	3.73	4.22	0.070
	女	4779	4.03	0.975	3.88	4.19	
年龄	35周岁以下	2800	4.02	0.959	3.81	4.20	0.176
	35~49周岁	3615	3.95	1.066	3.79	4.21	
	50周岁及以上	1660	3.99	1.085	3.81	4.20	
职称	未评职称	1042	4.11	0.892	3.94	4.24	0.032
	三级教师	152	3.97	1.054	3.55	4.25	
	二级教师	2781	3.95	1.050	3.76	4.19	
	一级教师	3157	3.97	1.059	3.81	4.22	
	高级教师	943	4.11	0.892	3.94	4.24	
编制	在编教师	6884	3.97	1.048	3.82	4.21	0.000
	交流轮岗教师	137	3.73	1.18	3.33	4.11	
	支教教师	74	3.84	1.064	3.5	4.23	
	特岗教师	172	4.03	0.917	3.75	4.25	
	聘任教师	524	4.16	0.875	3.98	4.29	
省、自治区、直辖市	云南	1039	3.88	1.119	3.68	4.20	0.000
	四川	1366	3.88	1.104	3.69	4.18	
	甘肃	566	3.96	1.006	3.69	4.19	
	河南	661	3.75	1.076	3.53	4.00	
	湖南	1250	3.88	0.990	3.63	4.17	
	内蒙古	684	4.13	0.955	3.95	4.32	
	河北	761	4.29	0.850	4.18	4.38	
	山东	677	4.30	0.976	4.15	4.46	
	江苏	1071	3.98	1.003	3.73	4.28	

基于双变量 Pearson 相关分析，按 α=0.01 水准，补偿性激励满意程度、保障性激励满意程度和发展性激励满意程度与乡村教师专业认同间的相关系数有统计学意义，$r > 0$，表明呈正相关，即它们之间存在着正相关关系。这表明，乡村教师越是相信教师职业专业性强，越是相信教师职业需要不断奉献，越是具有"教师是人类灵魂工程师"的价值情怀，对补偿性激励、保障性激励和发展性激励满意程度越高。因此，无论在教师职前培养，还是职后培训的教师教育中，都需要不断强化教师专业精神的养成、培养和提升，并逐步自觉地进行精神修养而自发产生专业精神，最终才会产生一种真正的教师使命感，以实现学生发展为目标，并在学生发展中实现自我（见表 6.19）。

表 6.19　不同激励层次与乡村教师专业精神的相关性

变量 1	变量 2	Pearson 相关性（相关系数 r）	显著性（双侧）（P）	意义
补偿性激励满意程度	专业性强	0.107*	0.000	正相关关系
	不断奉献	0.247*	0.000	正相关关系
	人类灵魂工程师	0.236**	0.000	正相关关系
保障性激励满意程度	专业性强	0.170*	0.000	正相关关系
	不断奉献	0.277*	0.000	正相关关系
	人类灵魂工程师	0.271**	0.000	正相关关系
发展性激励满意程度	专业性强	0.161*	0.000	正相关关系
	不断奉献	0.324*	0.000	正相关关系
	人类灵魂工程师	0.322**	0.000	正相关关系

** 表示 P 在 0.01 水平（双侧）上显著相关。

（三）乡村教师幸福感高低程度与各种类型激励满意程度呈显著正相关

每个人都有追求幸福的权利。马克思认为："我们在选择职业时所应遵循的主要方针是人类的幸福和自我完善。"● 乡村教师的职业选择以及职业道德的修养都与人类的幸福和自我完善即个人的幸福密切相关，如果教师道德是忽略乡村教师生存和生活的需要而片面遵守无私奉献的道德规范，其是冰冷的，也是不可取的。因此，教师的幸福是教师职业道德的出发点和归宿。

调查数据显示，31.00% 的乡村教师认为是幸福的，认为作为乡村教师不幸福的比例则为 24.44%（见图 6.14）。

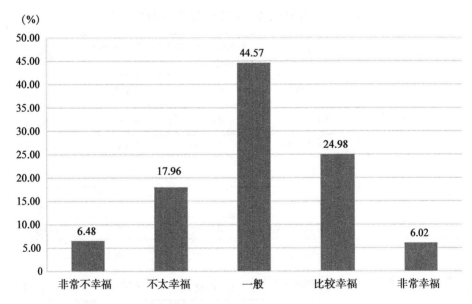

图 6.14　乡村教师职业幸福占比

● 马克思 . 青年在选择职业时的思考 //[M] 马克思恩格斯全集 : 40 卷 . 北京 : 人民出版社，1970 : 7.

　　基于方差分析和列联分析，乡村教师不同群体对职业幸福的认知存在显著的差异性。从区域分布上看，东中西部乡村教师对职业幸福认知存在非常显著的差异。方差检验 $P<0.001$，东部乡村教师幸福认知均值最高，为 3.20，中部和西部依次为 3.09 和 2.87。从地域乡中心区、村小和教学点看，方差检验 $P>0.05$，三者之间不存在差异。性别差异性非常显著，方差检验 $P<0.001$，女教师幸福均值明显高于男教师；不同年龄教师差异性非常显著，方差检验 $P<0.001$，35 周岁以下教师和 50 周岁以上教师幸福均值相同，为 3.13，35~49 周岁教师幸福均值为 2.98；不同职称乡村教师幸福认知差异性非常显著，方差检验 $P<0.001$，未评职称教师幸福均值最高，为 3.34，幸福均值最低为二级教师的 2.94；不同编制乡村教师幸福均值存在非常显著的差异，方差检验 $P<0.001$，支教教师幸福均值最高，为 3.50，交流轮岗教师幸福均值最低，为 2.75；省与省之间乡村教师幸福差异性非常显著，方差检验 $P<0.001$，山东省乡村教师幸福均值最高，为 3.48，云南和四川较低，均为 2.84（见表 6.20）。

表 6.20　不同教师对幸福认知的差异性

类别		样本数	均值	标准差	均值的 95% 置信区间		方差检验 （P）
					下限	上限	
区域	东部	2509	3.26	0.978	3.22	3.30	0.000
	中部	2595	3.09	0.911	3.06	3.13	
	西部	2971	2.87	0.955	2.83	2.90	
地域	乡中心区	3389	3.04	0.973	3.01	3.07	0.145
	村小	4106	3.07	0.948	3.04	3.10	
	教学点	580	3.12	0.995	3.03	3.20	

类别		样本数	均值	标准差	均值的95%置信区间		方差检验（P）
					下限	上限	
性别	男	3296	2.96	0.995	2.92	2.99	0.000
	女	4779	3.13	0.932	3.11	3.16	
年龄	35周岁以下	2800	3.13	0.964	3.09	3.16	0.000
	35~49周岁	3615	2.98	0.943	2.95	3.01	
	50周岁及以上	1660	3.13	0.987	3.08	3.18	
职称	未评职称	1042	3.34	0.936	3.28	3.39	0.000
	三级教师	152	3.22	1.035	3.05	3.38	
	二级教师	2781	2.94	0.980	2.91	2.98	
	一级教师	3157	3.04	0.938	3.00	3.07	
	高级教师	930	3.15	0.931	3.09	3.21	
	正高级教师	13	2.92	1.188	2.21	3.64	
编制	在编教师	6884	3.02	0.958	3.28	3.39	0.000
	交流轮岗教师	137	2.75	0.976	3.05	3.38	
	支教教师	74	3.50	0.969	2.91	2.98	
	特岗教师	172	3.19	0.973	3.00	3.07	
	聘任教师	524	3.33	0.921	3.09	3.21	
省、自治区、直辖市	云南	1039	2.84	0.958	2.78	2.90	0.000
	四川	1366	2.84	0.948	2.79	2.89	
	甘肃	566	2.99	0.957	2.91	3.06	
	河南	661	2.97	0.991	2.89	3.04	
	湖南	1250	3.12	0.845	3.07	3.17	
	内蒙古	684	3.16	0.937	3.09	3.23	
	河北	761	3.25	0.922	3.18	3.32	
	山东	677	3.48	1.071	3.39	3.56	
	江苏	1071	3.13	0.931	3.07	3.18	

　　基于双变量 Pearson 相关分析，按 $\alpha = 0.01$ 水准，补偿性激励满意程度、保障性激励满意程度和发展性激励满意程度与乡村教师幸福认知间的相关系数有统计学意义，$r > 0$，表明呈正相关，即它们之间存在着正相关关系。这表明，越是幸福认知较高的教师，对补偿性激励、保障性激励和发展性激励满意程度越高。因此，提升教师的幸福认知也有利于提升对各种类型激励的满意程度。由于幸福的价值性质，决定了并不是所有人都能够创造和感受幸福，所以，幸福是一种能力，是一种有关幸福实现的主体条件或能力。● 教师的这种幸福能力源于对职业价值和意义的充分认识，要求教师有较高的德行水平和人生境界，要求教师要有自己对教育活动的主体实践能力（见表 6.21）。

表 6.21　乡村教师幸福认知与不同类型激励的相关性

变量 1	变量 2	Pearson 相关性（相关系数 r）	显著性（双侧）（P）	意义
教师幸福认知	补偿性激励满意程度	0.505**	0.000	正相关关系
	保障性激励满意程度	0.566**	0.000	正相关关系
	发展性激励满意程度	0.672**	0.000	正相关关系

** 表明 P 在 0.01 水平（双侧）上显著相关。

● 檀传宝 . 教师伦理学专题 [M]. 北京 : 北京师范大学出版社，2003 : 45.

第 7 章　乡村教师激励策略的国际经验

尽管我国的"乡村"概念与一些发达国家乡村的概念❶有一定差异,但发达国家依然有大量人口生活在欠发达地区,如澳大利亚虽然是世界上城市化水平最高的国家之一,但截至 2011 年年底依然有 11% 的人口居住在沙漠化或半沙漠化的内陆地区。❷ 美国也约一半的学区、三分之一的学校和五分之一(约970 万元)的学生在农村。❸ 但美国许多农村学校的学生并没有获得高质量的

---

❶ 如 2006 年,美国国家教育统计中心联合国家统计局依靠地理编码技术建立"城市为中心"地理编码系统标准,设立村庄及散居区,包含边缘、遥远、偏僻地区,其中边缘农村地区是距离城区少于5 英里或与中心市镇少于 2.5 英里;遥远农村地区是距离城区 5 英里至 25 英里之间或与中心市镇的距离超过 2.5 英里但少于 10 英里;偏僻农村地区是距离城区超过 25 英里或与中心市镇的距离超过10 英里。为了便于理解,我们将欠发达地区、边缘、遥远、偏僻地区通用农村来代替。

❷ 乔雪峰,杨佳露,卢乃桂. 澳大利亚乡村教师支持路径转变:从"不足模式"到"拟合模式"[J].比较教育研究, 2018 (5): 26-32.

❸ NUGENT, et al. Rural education research in the United States [M]. Switzerland : Springer International Publishing, 2017 : 3.

教育，而造成这一状况的最主要原因就是美国农村学校缺乏教师，特别是高素质的教师。发达国家针对欠发达地区、边远、遥远、偏僻地区教师采取的措施，可供我国借鉴。

一、发达国家欠发达等区域教师队伍面临的主要困境

虽然自然条件和社会经济、政治和文化等方面都存在着差异，世界发达国家的学校教育在发展的过程都面临着一些共性问题，即城乡学校之间存在显著差异，尤其在教师资源供给上，其中农村学校在教师资源供给上面临的困境主要表现在以下几个方面。

（一）教师短缺

教师短缺是世界性问题，英国曾在布莱尔政府上台之初面临英国历史上最严重的教师短缺。在 2011 年召开的首届教师专业国际分会上就发现："许多国家面对着教师普遍短缺的问题，而且随着大批教师退休，这种短缺将迅速恶化。"❶ 面对教师的短缺，相对于欠发达地区教师短缺会更为严重。21 世纪初期，美国中部地区的农村学校中，数学、科学、特殊教育以及英语作为第二语言的教师极为短缺，45.5% 的学校缺少数学教师，科学教师短缺的学校约占 42.5%，

---

❶ 施莱克尔.建设高质量的教师专业 [M].孔令帅，等，译.北京：北京大学出版社，2014：3.

45% 的农村高中学校很难或者无法招聘到英语作为第二语言的教师，而特殊教育教师短缺的学校约为 33%。❶

（二）教师保留率低

由于乡村学校办学条件和教学环境相对较差是普遍共性问题，因此，即使大学生毕业后到校任教，也会出现部分教师由于种种原因很快离开。美国农村地区教师流动率接近 15%，科罗拉多州农村学校的教师流动率达到 23%，超过全国教师平均流动率 10% 的 2 倍还多。❷美国联邦教育局的统计数据显示，2003 年，美国乡村教师的流失率为 7.9%，2013 年，乡村教师流失率达到 8.4%。❸而个别州乡村教师流失率更高，如 2015 年，阿拉斯加乡村学区的教师平均流失率为 20%，54 个学区中，有 12 个学区的教师流动率超过 30%。❹澳大利亚的乡村学校通常雇用的是没有工作经验的年轻教师，且他们流动性很高，这种趋势在土著地区尤其明显，那些地方的教师常被称作"两年旅游者"。❺而西澳大利

❶ BARLEY, BRIGHAM. Preparing teachers to teach in rural schools [R]. Washington, DC : U.S. Department of Education, Institute of Education Sciences, National Center for Education Evaluation and Regional Assistance. Regional Educational Laboratory Central, 2008 : 9.

❷ 李祖祥 . 美国农村教师职后教育的新动向 [J]. 外国教育研究，2010（1）: 85.

❸ U.S. DEPARTMENT OF EDUCATION. National center for education statistics, teacher follow-up survey（TFS）(1998—2013) [EB/OL]. (2013-12-30) [2019-07-11]. https ://nces.ed.gov/surveys/sass/.

❹ DEFEO, et al. The cost of teacher turnover in alaska [R]. AK : University of Alaska Anchorage Center for Alaska Education Policy Research, 2017 : 1.

❺ HICKLING-HUDSON, AHLQUIST. Teachers as "two-year tourists" in an Australian State school for aboriginal students : dilemmas of curriculum, agency and teacher preparation [J]. Journal of Postcolonial Education, 2004（1）: 67-88.

亚逾 300 所乡村学校中，教师流失率均在 25%~40%，约 120 所学校处于教师严重匮乏的窘境。● 西澳大利亚州乡村学校中任职不满 5 年即选择辞职的教师约为 50%，其中约 25% 的教师任职不满两年即会离职。● 更有甚者，澳大利亚北领地乡村教师的平均任职年限低至 7 个月。● 高流失率致使澳大利亚乡村学校长期处于教师不足的状态，影响到正常教学工作的开展。俄罗斯农村教师流失同样严重，调查显示："由于生活条件和工作环境的艰苦，导致至少有 25% 的农村教师希望离开农村。实际上，一些师范毕业生工作 2~3 年后就会离开农村。"●

（三）教师教学能力不足

乡村教师教学能力不足主要表现在两个方面，一是大量的乡村教师面临退休，二是新补充教师还不能及时适应乡村教学需要。一项涵盖俄罗斯 6 个联邦区的全国性调查表明，有 81.2% 的农村教师接受过高等教育，其中接受过师范教育的教师占 78.8%；约 15% 的教师具有中专学历。虽然 67% 的教师在过去 5 年中接受了各种培训，但多数教师专业基础仍然很薄弱。从整体上看，农村中小学教师素质仍然较差，专业化水平不高。●

● TRINIDAD S，SHARPLIN E，LEDGER S，et al. Connecting for innovation：four universities collaboratively preparing preservice teachers to teach in rural and remote Western Australia [J]. Journal of Research in Rural Education，2014（2）：1-13.

● TRINIDAD S，BROADLEY T，TERRY E，et al. Going bush：preparing pre-service teachers to teach in regional western australia [J]. Australian Journal of Rural Health，2012，（1）：39-56.

● KLINE J，WHITE S，LOCK G. The rural practicum：preparing a quality teacher workforce for rural and regional Australia [J]. Journal of Research in Rural Education，2013，（3）：1-13.

● 海波 . 俄罗斯提高农村教师职业素质的策略与启示 [J]. 外国教育研究，2008（3）：39-43.

● 同●.

二、发达国家欠发达等区域师资困境的原因

在美国一项全国性的调查中，农村学校校长认为难以吸引和保留教师的最主要障碍依次为工资偏低、社会隔绝、地理隔绝、缺乏足够的住房、周边社区的经济状况、跨学科授课、远离高校、跨年级授课、缺少学生以及生活支出较高（见表7.1）。

表 7.1　美国农村教师招募和保留的十大障碍及其重要程度

序号	影响因素	重要程度
1	工资低	44%
2	社会隔绝	42%
3	地理隔绝	38%
4	缺乏足够的住房	36%
5	周边社区的经济状况	25%
6	要求教师教授多门课程	22%
7	远离高校	19%
8	要求教师教授多个年级	14%
9	学生匮乏	10%
10	生活支出高	9%

（一）乡村教师工资普遍低于城市教师

有关教师工资的整体情况，经济合作与发展组织（OECD）一直对此有相

关研究。从总体上看，就经济合作与发展组织国家教师工资而言，与其他受过高等教育的 25~64 岁全职全年劳动者的工资相比，教师工资普遍偏低，且因任教不同学段差距也不一样，但教师工资与其他行业工作相比的差距在缩小。2010 年，经济合作与发展组织小学教师的平均工资是其他受过高等教育的 25~64 岁全职全年劳动者的工资的 82%，初中教师为 85%，高中教师为 90%。❶ 2016 年，经济合作与发展组织国家学前教师工资平均是其他受过高等教育的 25~64 岁全职全年劳动者的工资的 82%，小学教师工资是 86%，初中教师工资是 91%，高中教师工资是 96%。小学教师工资提高了 4 个百分点，初中和高中教师提高了 6 个百分点。而从发达国家欠发达地区尤其难以吸引教师去工作的因素也可以看出，欠发达地区教师工资不会高于全国平均值。

农村教师工资偏低是影响美国农村学校难以吸引和保留教师的最主要原因。美国教师整体待遇相对偏低，2000 年，相对于接受同等教育水平的新教师来说，从事销售业的大学毕业生工资要比新教师高 35%，从事商业管理的要比新教师高 43%，从事工程设计的要比新教师高 68%。截至 2003 年，这一现象并没有缓解，数据显示，美国教师平均工资也明显低于其他受过高等教育的 25~64 岁全职全年劳动者的工资，其中学前教师是其他劳动者工资的 62%，小学教师是 63%，初中教师是 65%，高中教师是 68%。而农村教师工资普遍低于非农村教师，无论是平均工资，还是刚参加工作的具有学士学位的新教师，甚至是获得硕士学位且具有 20 年以上教龄的最高级教师。2000 年的统计数据显示，农村新教师的年均工资比非农村地区新教师低 11.3%，少 2725 美元；农

---

❶ 经济合作和发展组织.教育概览 2012 [M].中国教育科学研究院组织，译.北京：教育科学出版社，2012：499.

村教师的年均工资比非农村地区教师低 13.4%，少 4010 美元；农村最高级教师的年均工资比非农村地区的最高级教师低 17.2%，少 6784 美元。（见表 7.2）。截止到 2007 年，农村教师工资依然低于非农村教师。《农村教师保留法案》指出"农村教师的工资比非农村地区教师工资低 14%"，有 43 个州的乡村教师平均工资低于城市和郊区。❶

表 7.2　美国教师年均工资比较

单位：美元

工资	全部教师	非农村地区教师	农村地区教师
新教师	25898	26895	24170
全部教师平均	32371	33838	29828
最高级教师	43791	46271	39487

而就最高级教师的年均工资而言，各州农村地区和非农村地区差距也非常明显,农村地区教师普遍明显低于非农村地区教师。2002 年的统计数据显示，伊利诺斯州农村最高级教师年均工资比非农村最高级教师年均工资低 33761 美元，密苏里州的差距达到 2 万多美元，差距超过 1 万美元的州达到 10 个，差距在 10000 至 5000 美元达到 15 个，低于 5000 美元差距的仅有 2 个州，其中肯塔基州差距最小，农村最高级教师比非农村最高级教师低 4200 元（见表 7.3）。

---

❶　JOHNSON J, et al. Why rural matters 2013—2014 : The condition of rural education in the 50 states. [EB/OL]. （2014-05-19）[2019-07-22]. http : //www.ruraledu.org/user_up-loads/file/2013-14-Why-Rural-Matters.pdf.

表 7.3　2002 年美国 27 州农村与非农村最高级教师年均工资比较

单位：美元

州	农村 最高级教师工资	非农村 最高级教师工资	两者工资差
伊利诺伊州	47623	81384	33761
密苏里州	24360	63000	20640
弗吉尼亚州	45702	64415	18713
佛罗里达州	40200	57000	16800
俄亥俄州	49577	62533	12956
纽约州	75409	87709	12300
亚利桑那州	39170	50623	11453
爱达荷州	44130	55158	11028
新泽西州	70383	81015	10632
艾奥瓦州	41867	51984	10177
康涅狄格州	61650	69688	8038
北卡罗来纳州	40860	48312	7452
密歇根州	63779	71184	7405
田纳西州	41855	48954	7099
马萨诸塞州	56654	63614	6960
阿肯色州	37113	43999	6886
威斯康星州	55384	62084	6700
宾夕法尼亚州	70465	76844	6379
南卡罗来纳州	43725	49954	6229
特拉华州	50647	56292	5645
得克萨斯州	46800	52427	5627
内布拉斯加州	40530	45974	5444

州	农村 最高教师工资	非农村 最高教师工资	两者工资差
罗得岛州	55943	61350	5407
乔治亚州	50545	55920	5375
犹他州	43743	48973	5230
新墨西哥州	42491	47136	4645
肯塔基州	51313	55513	4200

（二）乡村学校资源不足，教师缺乏专业支持

农村学校教育资源不足也难以吸引和保留好的教师。美国农村学校教育资源一方面表现为学校的办学条件不达标的占比超过半数，调查数据显示，51.7% 的农村学校至少有一幢建筑物不符合标准，54% 的学校至少有一项环境指标不达标，如能源（39%）、室内空气质量（18%）或通风状况（24%）等；❶另一方面，在课程资源安排上，由于课程安排的任务多数由教师来完成，且教科书的生产商和课程书籍开发商忽略农村学校的需要，导致教师可使用的教学资料匮乏或过时；与此同时，由于有经验的农村教师流动率较大，跨年级连贯课程的协调开展受到限制，对新教师如何教授跨年级的连续课程提出了更多的挑战。俄罗斯农村学校长期缺乏财政支持，由于联邦与地方的财政年度拨款不足，远远低于大多数的欧亚国家，虽然 2007 年以后每百名农村学生拥有 5 台电脑，并有超过 30000 套的教学和视听设备投放于农村普通教

---

❶ 田静，王凌 . 美国农村高素质师资短缺的原因及对策 [J]. 基础教育参考，2004（5）：12-15.

育机构，●但依然有一些农村学校无法提供现代化的实验设备和必要的教学用具或基本的教学参考书。偏远和贫困地区的农村学校，信息匮乏和缺乏必要的文化资产。

由于农村学校教育资源不足，乡村教师试图提升教学知识与技能，也是孤立无援。与此同时，一些国家由于乡村教师匮乏，为了缓解师资短缺的压力，大量聘用合同制教师，如西澳大利亚，约有 48% 的初中教师为短期代课教师，这些"临时工"教师更缺乏相应的支持。

（三）乡村教学环境复杂下的适应困难

乡村教学环境的复杂性使得教师教学工作的开展颇为艰巨。由于乡村学校教师资源短缺，有限的教师资源不得不承担较大范围的教学任务。调查数据显示，由于美国农村学校普遍存在缺乏数学、科学及特殊教育等学科的教师，导致许多教师跨学科任教，某些州的农村学校中有高达 49% 的科学教师要教授 4 门科目。一些农村地区的教师还需要在同一班教授不同层次的学生（如特殊教育学生和非英语母语的学生）。●美国农村教师跨学科任教和跨年级授课的教学压力偏大也在一定程度上导致农村教师留任率偏低。俄罗斯的乡村学校，因为师资不足，一名教师同时教授几门课程是很常见的，"通常一个老

---

❶ 王艳红，李雅君. 俄罗斯农村学校的现状与改革 [J]. 教育评论，2013（3）：165-167.

❷ BARROW L H, BURCHETT B M. Needs of Missouri rural secondary science teachers [J]. Rural Educator, 2000（2）：14-19.

师要同时教一年级到四年级的学生,许多教师教两门、三门或更多科目。"● 除了繁重的教学工作,俄罗斯农村教师还需要经常面对学生的辍学问题、家庭暴力问题、被遗弃问题、酗酒吸毒问题等,工作量之大可想而知。再如澳大利亚,由于师资力量的匮乏,部分乡村教师被要求多学科教学,在自己所教学科以外讲授其他不熟悉的科目。有些乡村学校将两个或两个以上的年级合编为一班,以复式结构组织教学,甚至在人口稀少地区设立微型学校,全校只有几名教师和兼职教师,虽然教学工作和强度有所下降,但教师需处理的烦琐工作却有所增加。复杂的教学环境和繁重的教学任务也成为教师留任率低的原因之一。

(四)乡村教师培养不能适应乡村教育需要

乡村教师培养无法满足乡村教育需求,即使有大量的新教师到乡村学校任教,也很难适应乡村教育,导致乡村教师流失率较高。21 世纪初期,澳大利亚人权与机会平等委员会在其关于乡村地区教育调查的报告中指出:"大多数的教师培养没能教给新入职者在澳大利亚乡村和偏远地区从教所需的知识和技能。"● 另外,乡村教师所接受的职前培养来源于城市职前教师教育,课程很少涉及乡村学校。一项针对澳大利亚 39 所大学的调查表明,其中只有 11 所提供了针对乡村教育的课程,并且大多是选修课而不是核心课程。修读这

● GUÍIANOVA M P. A typology of the rural schools of Russia [J]. Russian Education and Society, 2006 (4): 58-74.

● BEUTEL D, ADIE L. Promoting rural and remote teacher education in Australia through the over the Hill project [J]. International Journal of Learning, 2011 (2): 377-388.

些课程的绝大多数学生也都来自城市里的中小学，他们的人生经历与乡村学校及其社区毫无关系，对乡村学校及其社区一无所知，甚至"害怕"和"回避"到乡村学校从教。❶而教育实习的有限性也不能满足教学需求，调查显示："澳大利亚所有大学的实习安排中，只有 22.7% 的实习生安排在非城市地区的学校里，并且这 22.7% 的实习生中大多数来自乡村地区的大学分校或者本身来自乡村地区。"❷可见，针对乡村教师职前培养的"碎片化"，对于在乡村环境下从教的新教师并未做好准备。再如俄罗斯的师范教育对农村学校的需求和农村社会的特殊性、复杂性重视不够，没有充分考虑到农村学校的教学条件，教学安排缺乏现实针对性和未来适应性，培养出来的农村教师不能适应农村教育工作。❸

三、发达国家针对欠发达地区教师的激励策略

为提高欠发达地区教育质量，推进教育公平，一些发达国家通过不断追求教师专业化的发展，通过提高农村教师的入职标准和提升专业化水平保障教师质量。2008 年，澳大利亚研究理事会连同四所高校开展了全国范围的、针对留

---

❶ TRINIDAD S. Connecting for innovation : Four universities collaboratively preparing preservice teachers to teach in rural and remote Western Australia [J]. Journal of Research in Rural Education, 2014, (2): 1-13.

❷ WHITE S. Placing Teachers? Sustaining rural schooling through place-consciousness in teacher education [J]. Journal of Research in Rural Education, 2008, (7): 1-11.

❸ SINAGATULLIN. Expectant Times : rural education in russia [J]. Educational Review, 2001 (1): 37-44.

住农村中小学教师的关键指标、提升农村教师教学质量的职前教师教育措施、促进农村中小学教学质量的保障条件调查研究，研究结果表明：了解农村、熟知农村社区，是为农村准备教师的基础；以农村社区为轴心，将农村学校、大学有机联合起来，不仅十分有助于提升学生到农村任教的意愿，也能帮助他们准备在农村任教的专业技能、文化和心理认知等。❶ 与此同时，为了招募、吸引、留任更多的优秀教师从事乡村教育，发达国家从联邦政府到州政府、到学区建立起相对完善的教师激励制度，采取了一系列激励举措。如 2009 年，美国颁布《美国恢复与改造法案》，指出：国家或州要提供多方面的激励以吸引教师到农村地区工作，包括提供住房补贴、定居补助、住房、贷款、代偿贷款或者收入税收减免等。这一系列激励措施在一定程度上吸引了优秀人才到乡村学校任教，提高了乡村教育的质量，也促进了农村学生学业水平的提高。此外，一些国家的激励不仅仅以提高待遇和生活水平来提高欠发达地区教师的工作热情，更注重为这些老师提供更小的班级规模、更少的教学时间、更好的职业成长、文化认同和社会贡献。

（一）提高乡村教师薪酬和待遇

有研究表明，当教师薪酬比其他职业更有竞争力时，更容易吸引教师从教。❷

---

❶ 付淑琼，张家雯.为农村准备教师：澳大利亚政府的系列项目研究 [J].教师教育研究，2015（4）：106-112.

❷ LOEB S，BETEILLE T. Teacher quality and teacher labor markets[EB/OL].（2018-03-06）[2019-07-22]. https：//cepa.stanford.edu/content/teacher-quality-and-teacher-labor-markets.

教师的起薪和工薪的不断增长是吸引和留住教师的重要因素。❶ 因此，不断提高乡村教师薪酬和待遇是发达国家激励乡村教师的最基本和最核心的策略，并针对在职教师、新教师甚至准教师采取不同的薪酬和待遇激励措施。

21 世纪初期，随着美国总统小布什政府提出"不让一个孩子掉队"法案，美国开始全面地、不断地、整体地提高教师工资，以吸引更多的人从事教师职业。提高教师工资以吸引、留住优秀人员到学校任教成为美国各州采取的主要政策。如 2000 年，美国新任教师平均工资为 25898 美元，截止到 2013 年，新任教师年薪为 36141 美元。乡村教师工资也在整体提高的过程中有所增加。2000 年，美国乡村新任教师年平均工资为 24170 美元，截止到 2012 年，乡村新任教师年平均工资提高到 33200 美元。与此同时，为了明确教师工资晋升标准，一些州开始推行教师薪级表，目前有 17 个州使用教师薪级表，保障教师最低工资水平，缩小教师工薪差异。有些州虽然没有使用教师薪级表，但也必须提出区域范围的教师最低工资水平，如爱荷华州提出教师年薪不能低于 33500 美元，缅因州不低于 30000 美元，新墨西哥州不低于 34000 美元。❷ 加利福尼亚州则规定每个学区必须报告新教师的起始年薪和所有教师的平均工资，这一方面有利于缩小区域范围内的教师工薪差距，同时也迫使不同区域必须提高教师薪酬竞争力，以此来吸引和留住优秀教师。

一些发达国家教师工资不存在城乡差别，或者差别很小，为了激励边远地区教师工作热情，往往通过发放交通补助、津贴、岗位补助等鼓励乡村教师。

❶ ADAMSON F, HAMMOND L D. Funding disparities and the inequitable distribution of teachers : evaluating sources and solutions [J]. Education Policy Analysis Archives, 2012 (37) : 1-46.

❷ LATTERMAN K, STIFFES S. Tackling teacher and prin-cipal shortages in rural areas [EB/OL]. (2017-02-05) [2019-07-22]. http ://www.ncsl.org/documents/legisbriefs/2017/lb_2540.pdf.CA 2016 p67.

如日本，对在偏远山区和离岛学校教师支付偏僻地区津贴、寒冷地区津贴，对因工作调动导致夫妻居住地相隔 80 千米以上的教师发放单身赴任津贴，对稀缺岗位的新任工资调整津贴等，以吸引优秀教师到这些地区应聘教师职位。尤其 21 世纪以后，日本的城镇化率已超过 90%，经验丰富的教师不愿留在生源稀少的乡村，教学质量较以往有所下降。面对这一困境，日本政府修订了《学校教育法》《社会教育法》《义务教育费国库负担法》和《义务教育诸学校设施国库负担法》，加大了对乡村地区学校的教学投入，着重提高乡村教师的生活待遇，为乡村教师建造教职工宿舍和住宅。其中，宿舍分配给教师居住，无偿使用或收取少量租金；住宅以低廉的价格出售给教职工。韩国专设僻地津贴和环境不利地区特别津贴，鼓励教师去这些区域任教，补贴和津贴数额由道具体规定和发放，并通过教师流动的方式予以切实实施。如济州道教育厅将全道分为 A、B、C 三大地区，A 地区为济州道两大城市，即济州市和西归浦市；B 地区为济州岛上的其他村镇；C 地区为济州岛周边的偏僻海岛。该道政策规定，教师在A 地区工作 6 年后，就必须提出调动至 B 地区工作 4 年的申请，后再调动至 C 地区工作两年，在 C 地区工作期间，教师可根据韩国的《岛屿、僻地教育振兴法》享受僻地津贴和环境不利地区特别津贴。❶澳大利亚政府也采取相应的政策给予乡村教师补助，通过岗位补助、交通补助和住宿补助等专项补助的方式，提升乡村教师的薪酬待遇。专项的岗位补助按照学校所在地的经济状况逆向倾斜，即条件越差的地方补助额度越高。例如，澳大利亚的新南威尔士州乡村教师每年最高的岗位补助为 5000 澳元，而条件较艰苦的西澳大利亚州乡村教师的岗位补助则从 5000~13730 澳元不等。乡村教师每年还可获得高达 20870 澳元的

---

❶ 姜英敏 . 韩国基础教育教师职业吸引力保障制度分析 [J]. 比较教育研究，2012（8）：25-29.

专项津贴。❶ 为了鼓励乡村教师长期留任，澳大利亚设置了乡村教学工龄津贴，依据教师在乡村服务时间的期限长短发放额外奖励津贴。同时，为了满足乡村教师与亲友见面的诉求，澳大利亚将休假作为奖励乡村教师的重要手段。西澳大利亚州的教师在乡村或偏远地区连续完成若干个学期教学，即可享有一定的带薪休假。俄罗斯于 2010 年通过《关于教育工作者社会保障措施的俄联邦法案修正案》中进一步完善了乡村教师的社会保障制度，规定：在乡村地区生活和工作的教师享有免费的住房、照明及取暖等保障措施；各项措施将惠及教师的所有家庭成员，不论其劳动能力如何；各项措施的经费支出由俄联邦政府保障，各联邦主体在任何情况下都不能降低为乡村教师所提供的福利待遇。美国各州对乡村教师也多采取针对性奖励和资助，如 2001—2004 年，北卡罗来纳州为在高贫困或低学业成绩学生所在公立中学任教数学、科学或特殊教育的认证教师提供每年 1800 美元的额外奖金，明尼苏达州为短缺地区任教的教师提供每年 1000 美元、总额高达 5000 美元的贷款补贴，蒙大拿州为师资严重短缺的乡村学校教师提供每年 3000 美元、最多 4 年的贷款预付款等。加利福尼亚州则实施了额外信贷教师购房计划，零利率贷款最高可达 15000 美元。也有的州实施"搬迁资助或搬迁补偿""住房奖励""教师的税收抵免"等，以吸引和留住更多的优秀人才到乡村学校任教。

有些国家专门针对乡村新教师予以特殊关照，其中美国政策较为优惠，如设立签约奖金。如阿肯色州设立高优先级奖金激励项目，在高优先去公立

---

❶ 乔雪峰，杨佳露，卢乃桂.澳大利亚乡村教师支持路径转变：从"不足模式"到"拟合模式"[J].比较教育研究，2018（5）：26-32.

学校任教的头几年的新教师可以按服务年限获得不同额度奖金。❶马萨诸塞州和加利福尼亚州等州提供签约奖金吸引毕业生到最需要的学校任教，服务年限为 4 年，奖金从 5000~25000 美元不等。❷为吸引优秀毕业生到乡村学校任教，许多州也实施了助学贷款代偿政策，如佛罗里达州为到师资紧缺地区任教的毕业生设立助学贷款代偿项目，密西西比州设立紧急需求教师奖学金项目，为那些获得认证资格并到师资紧缺地区任教的毕业生提供学费代偿和其他奖励。澳大利亚为了使新教师尽快适应乡村学校生活，专门实施导师制，促进新任教师扎根。并从 2010 年启动了"为澳大利亚而教"教育改革项目，乡村学校为新教师分配教学经验丰富的教师作为导师，制订新入职教师指导计划，帮助新任教师尽快熟悉农村特有的教学技能，使其尽快完成从"城市学生"到"乡村教师"的转变。美国截至 2016 年也至少有 29 个州实施了新教师入职指导计划，阿拉斯加州专门推行"导师计划"，在该项目的直接影响下，2009—2015 年乡村学校教师的稳定率从 67% 提升到了 77%。❸

在准教师的教师培养阶段即采取相应激励也是许多国家采取的重要措施之一。所谓准教师的教师培养阶段即入学起始即享受奖学金模式，毕业后到师资紧缺学校任教相应年限。如澳大利亚的南澳大利亚州，申请该奖学金的学生，连续 4 年获得 2500 澳元的奖学金，相应地，这些学生毕业后需到乡村学校任教

❶ MARANTO, ROBERT, SHULS, et al. How do we get them on the farm? Efforts to improve rural teacher recruitment and retention in arkansas [J]. The Rural Educator, 2012, (1): 32-40.

❷ 刘丽群. 乡村教师如何"下得去"和"留得住"：美国经验与中国启示 [J]. 教师教育研究, 2019 (1): 120-127.

❸ ADAMS B L, WOODS A. A model for recruiting and re-taining teachers in Alaska's rural K-12 schools [J]. Peabody Journal of Education, 2015 (2): 250-262.

两年。维多利亚州的奖学金略高，每年为 3000 澳元，服务期限为两年。❶ 美国也有多个州为未来教师提供大学奖学金或贷款减免计划，如北卡罗纳州实施的教学研究院计划中，就为 4 年制大学学生提供奖学金，以换取他们在公立学校 4 年的教学，且多数惠及农村。❷ 美国和澳大利亚也为培养中期的准教师提供奖学金和助学贷款代偿。澳大利亚弗吉尼亚州试行的教学奖学金贷款项目，即是为准备到该州师资紧缺地区任教的学生提供经济支持。受资助人可以是达到一定条件的大学二年级及以上的本科生，他们需参加一定的教师教育项目，达到合格标准后到师资紧缺地区任教，连续任教年限与其收益奖学金的年数相同。❸ 亚拉巴马州也对同意认证数学、科学教师资格，并承诺在特定年级和教师短缺地区任教至少 5 年的大学三年级和四年级教育专业学生提供奖学金或助学贷款代偿。❹

（二）注重职前培养和体验，适应乡村教学环境

由于发达国家城市化率较高，院校培养出来的大学生多成长于城市，为了让这些城市来的大学生能够胜任乡村学校教学，多数国家也采取加强职前

❶ ROBERTS. Staffing an empty schoolhouse : attracting and retaining teachers in rural, remote and isolated communities [EB/OL]. （2004-09）[2019-07-25]. http ://files.eric.ed.gov/fulltext/ED507343.pdf.

❷ JIMERSON. The competitive disadvantage : Teacher compensation in rural America [R]. Washington DC : Rural School and Community Trust, 2003.

❸ Virginia teaching scholarship loan program [EB/OL]. （2017-09-15）[2019-07-25]. http ://www.doe. virginia.gov/teaching/financial_support/virginia-teaching-scholarship-loan-program/.

❹ 白治堂，方彤 . 美国中部地区教师教育机构农村师资问题的解决策略 [J]. 外国教育研究，2009（4）：83-87.

体验的方式，让准乡村教师们了解乡村学校和乡村环境，为留任打好基础。如 2010 年，澳大利亚的西澳大利亚州的四所大学开展合作，共同关注乡村和边远地区教师的职前准备，同时实施教师教育课程变革，以支持教师教育者用新方法为乡村和边远地区培养教师，将乡村和边远地区的有关内容以一种结构化的方式纳入教师教育课程，通过课程完善、专业实习、实体体验，以及具体乡村教学策略提高等，改善乡村教师培养质量。[1]澳大利亚的一些院校与乡村学校建立合作关系，针对较少毕业生到乡村和边远地区任教的问题，实施相关体验工程，如"越山工程""跨越线计划"，让职前教师体验在乡村和边远地区的教学和生活，帮助其明确未来职业生涯，有助于减少之前教师对于到乡村任教可能会在社会、文化与职业上产生区隔的恐惧和偏见。西澳大利亚专门试行之前教师乡村体验项目，为那些去乡村或边远地区进行专业实习的职前教师提供经费支持。成功的申请者可获得交通费和每周 100~140 澳元的津贴。这对于吸引学生到乡村或边远地区任教、培养乡村教师任教能力和生活技能方面具有积极作用。[2]美国的许多州为了使新教师更快地适应工作环境，减轻工作压力，最终在农村学校留任，大部分学区都提供了新任教师指导计划，许多州也都加大了为教师专业发展的投资。同时为了使新教师能够更好地适应学校与社区，一些农村学校领导努力争取社区居民的广泛支持，开展多样的学区活动吸引教师和社区其他成员共同参加，使得学校的教师与社区的其他成员通过学校联系到一起，有助于培养一种共同的教学愿景，

---

[1] Preparing teachers for rural and regional settings：the RRRTEC project [EB/OL].（2011-09-16）[2019-07-25]. http：//www.curriculum.edu.au/leader/the_rrrtec_project, 33881.html?issue ID=12471.

[2] LOCK. Preparing teachers for rural appointments：lessons from Australia [J]. The Rural Educator, 2008（2）：24-30.

从而使刚刚加入到社区的教师更加了解社区，更快地融入社区生活之中，减少孤独感，使得他们更高效、愉悦地投入到工作中。

（三）职后追求卓越激励，助推乡村教师专业成长

不断促进教师专业成长是对教师高级需要的一种激励，为了有效推动教师专业成长，使教师有职业幸福感，一些国家从教师刚刚入职开始就促进其专业成长，一方面建立导师制，一对一进行教学指导，如美国肯塔基州规定新教师和他们的导师至少一起工作 70 小时，其中包括课堂内 20 小时和课外 50 小时❶；另一方面开展新教师入职培训和指导计划。截至 2016 年 5 月，美国至少有 29 个州实施了新教师入职指导计划，大部分州对入职一年或两年的新教师提供专业支持，也有一些州提供入职前三年的支持，如特拉华、夏威夷、路易斯安那等州，而马里兰州、马萨诸塞州等州的专业支持年限达到四年。❷边远、偏僻、乡村等地的新教师都在专业支持之内，有效推动了乡村新教师的专业成长。

为了缓解乡村学校缺少科学、数学等教师，美国从 2016—2020 年，主要面向乡村尤其是教师紧缺地区实施 STEM（Science Technology Engineering Mathematics）计划，提供经费，支持培训 10000 名 STEM 教师。一些大学机构

---

❶ RONFELDT M，MCQUEEN K. Does new teacher induc-tion really improve retention? [J]. Journal of Teacher Ed-ucation，2017（4）：394-410.

❷ Support from the start：a 50-state review of policies on new educator induction and mentoring [EB/OL].（2018-07-25）[2019-07-22]. https://newteachercenter.org/wp-content-/uploads/2016Complete Report State Policies.pdf.

也和乡村学校合作开展卓越乡村教师培训。如内布拉斯加大学林肯分校中的数学中心通过创新方法为乡村学校的数学教学提供帮助；北达科他大学则通过为乡村学校提供相关专业课程来促进教师的专业发展；也有的州推进相关项目与计划，如南弗吉尼亚实施的"乡村数学卓越合作伙伴计划"（Rural Math Excel Partnership，RMEP），试图通过建立家庭、教师和社区之间的联盟来促进乡村教师专业成长。

第8章　乡村教师激励制度存在的
问题及展望

　　激励是生产力的促进剂、推动剂，但激励过程是复杂的，而且在不同的社会环境下也有区别。我国当前社会发展迅速，城镇化进程不断加速，人们对物质的追求不断加强，随之对精神文化的渴望也日趋明显，随之而来的多样性群体不断出现：极致的利己主义者、精致的利己主义者、工作者、奉献者、无私奉献者、志愿者，等等。乡村教师中也同样出现了不同群体，有那些生于斯、长于斯、爱于斯的坚守者，有服从大局、享受国家资助回乡任教的建设者，有乐于奉献的支教者，有面临就业困境，不得已从教的工作者，亦有政策强制的交流者。这些不同的乡村教师群体，有的曾经出生在农村，有的出生在城市，但他们共同的特征都是在城市接受教育，然后回到或来到乡村，他们都有对城乡差别的内心体认，都会面临自我感知、调节、适应，从容者有之，茫然者有之。而人本的、合理的激励制度体系，会给予乡村教师温暖、温情、自信、自强，相反则会起到负面效果，影响到乡村教师群体发展，甚至影响乡村教育发展。

一、乡村教师激励制度体系不健全

基于调查研究和国际经验，我们发现，当前我国针对乡村教师的激励，最根本的问题在于没有建立较为完善的激励制度体系，更多停留在举措上，而这些举措正因为没有制度体系作为保障，往往呈现出随意性、浅层性、不可持续性等问题，最终影响激励效果，甚至导致无效激励。主要表现在以下几个方面。

（一）激励主体目标有待调整

2015年发布的《乡村教师支持计划（2015—2020年）》的工作目标是："到2017年，力争使乡村学校优质教师来源得到多渠道扩充，乡村教师资源配置得到改善，教育教学能力水平稳步提升，各方面合理待遇依法得到较好保障，职业吸引力明显增强，逐步形成'下得去、留得住、教得好'的局面。到2020年，努力造就一支素质优良、甘于奉献、扎根乡村的教师队伍，为基本实现教育现代化提供坚强有力的师资保障。"不难看出，其主旨价值体现在乡村教师要扎根乡村教育，应甘于奉献。

　　教师在我国文化传统中有着特殊的地位，与天、地、君、亲处于同等重要的地位。国人经常用"春蚕到死丝方尽，蜡炬成灰泪始干"来形容教师。近代社会以后，教师成为专门的职业，其专业性不断加强，对教师的春蚕、蜡烛般奉献精神的期待和要求依然没有变化，这一方面源于国人对教师的期待和要求与国家给予教师的待遇和社会给予教师的尊重，也造就了那么多甘于奉献的人民教师。如在中华人民共和国成立初期，教师和国家公职人员一样享有特殊补贴，即使在乡村担任民办教师，不仅享有村里提供的工资，而且还给予民办教师劳动工分，教师是受人尊敬的职业。但是随着社会经济的快速发展，教师工资的增长速度，尤其乡村教师工资的增长速度明显放缓，教师的待遇偏低，受社会尊重程度显著下降，选择教师作为职业在有些情况下是不得已而为之。

　　近年来，国家大幅提高教师工资和采取多种措施以吸引更多的优秀人才到乡村教师任教，切实在改善乡村教师队伍结构上起到了重要作用，但在强调扎根乡村的目标上，与国际社会确定服务期限、自愿流动的经验不相符，如日本、新加坡等；也与我国社会经济发展着重强调的"以人为本"的根本理念不一致。乡村教师，尤其是那些在边远贫困山区的教师条件艰苦，他们也面临子女教育、家庭两地生活、父母需要赡养等一系列问题，单纯强调扎根、奉献，对这些乡村教师亦不公平。与此同时，与扎根乡村相契合的激励要素和激励结构亦不健全，因此，很难实现扎根的初衷，不利于具体激励举措的有效推进。著名经济学家詹姆斯在《公正是最大的动力》中曾言："公正是人类社会发展进步的保证和目标。公正对人格的尊重，可以使一个人最大限度地释放能量。不公正则是对心灵的践踏，是对文明的挑衅，对社会的罪行。"

（二）激励要素有待进一步补充丰富

从近几年不断加强乡村教师队伍建设所采取的激励制度来看，实体要素、精神要素、关系要素均有存在，但在具体要素中却存在明显的不足，这一方面源于要素自身；另一方面是要素与要素之间，尤其关系要素中所涉及的内容更为复杂，涉及的面更为宽泛。如由于我国经济发展不平衡，东中西部差距较大，乡村教师基本的工资待遇省际、县域之间存在非常显著的差距，仅生活补贴这一块，北京市依据距离城中心的距离给予的补贴，最远地区的乡村教师生活补贴每月可达到 4500 元，而中西部某些省份只能给予乡村教师的国家补助，最高不超过 300 元。这种因关系要素引发的实体要素之间的差距，成为乡村教师流动的重要因素，尤其在省际交界地区，乡村教师往往会快速流向待遇较好的省份。

在精神要素中，我们从政策体系来看，激励主体所强调的乡村教师的扎根乡村和奉献乡村，与建设主体的乡村教师自身对政策的施行及成效是否会秉持同样的态度和认识呢？而当事人内在情感上的期待对乡村教师队伍建设起着重要作用。因此，仅仅有政策背后隐含的这种外在于乡村教师的高期待，而忽视乡村教师自身对职业发展的期待反而不利于乡村教师队伍的建设。调查研究发现，乡村教师虽然面临各种困难，但选择这份工作后都能认真对待教育教学，对留守儿童、困难儿童都更加关注。但调查显示乡村教师的成就感却偏低，其原因主要在于：第一，"读书无用论"在乡村有抬头趋势，一些人认为读书上大学不如外出打工赚钱实惠，认为乡村教师地位低、待遇少，对教师不认可、不尊重。第二，家校合作难以开展。乡村学校中留守儿童居多，他们多由祖父母辈照看，而老人们更关注自己的孙辈有没有被欺负。教师联络留守儿童父母存在困难，家庭教育无法与学校教育相结合。第三，生源流失严重。重视教育的村民都将孩子送入县城学校，尤其到了小升初阶段，小学学生中名次靠前者都转入县城，乡村教师形容"在石头上播撒种子"，努力却难见收获。❶乡村教师偏低的成就感直接影响了乡村教师的职业认同，对自己所从事的职业在认知上产生了消极、矛盾的认识和评价，在情感上难以产生对乡村教师这一群体的归属感，而认知和情感上的消极体验则会影响乡村教师的教学行为，并最终促使乡村教师形成低水平的职业认同感。

与此同时，我们发现，那些 35 周岁以下的乡村教师，尤其是新入职的乡村教师无论是对待遇的认可、对培训的满意、对职业认同都明显高于那些工资高、职称高的教师。乡村教师职业认同感的形成需要在教师教育的过程中以及教师专业成长的实践过程中逐渐培养，社会大环境和教育小环境都影响着教师的职业认同感。可以说，我国在乡村教师职业认同和乡村教育认同中还需要因缺乏精神要素而加强的其他要素。

另外，我们在调查中发现，有些乡村教师坚守在乡村学校更为关注的是精神要素里学校组织中的校长个人因素，校长管理过程中的公平公正，以及基于校长个人所建立起来的学校精神，成为吸引乡村教师继续留任的关键要素之一。这意味着，乡村校长队伍的建设更有利于推进乡村教师队伍建设。

---

❶　中国教育科学研究院课题组 . 乡村教师队伍建设的成效与困难——一项基于中西部五省区乡村教师队伍的调查 [N]. 中国教育报，2018-7-10.

（三）激励结构有待完善深入

我们所构建的补偿性、保障性和发展性激励结构，目前我国针对乡村教师所采取的激励制度大体存在，但从总体上看，处于星星点点阶段，尤其其中的补偿性激励更类似于撒胡椒面似的激励，例如，即使其中应用最为广泛的生活补贴，享有该补偿的比例也不足乡村教师的六成。而从我国当前针对乡村教师采取的各种激励举措而言，虽然我们仿效和借鉴了国际社会的经验，但从总体上看我国实行的各种激励水平偏低，导致所呈现的深度和效果相当复杂。调查结果也显示，乡村教师对补偿性激励、保障性激励和发展性激励的满意程度并不高，满意的比例分别为 14.75%、16.74% 和 19.30%，均低于二成。

我们在实地调研和乡村教师访谈中发现，在补偿性激励中，在中西部偏远山区工作的教师，虽然享受到交通补助，但一个月的交通补助甚至不能满足回一趟县城家里的车费；在生活补贴中，政策所强调的让最贫困、边远地区的乡村教师获得最大的政策红利，但在具体实施中，乡中心区、村小和教学点教师的补贴差距并没有达到这一要求，三者之间的差距也不明显，往往呈现不足200元的象征性差距；在大病救助、困难救助中，虽然从政策上提出乡村教师享有这一权利，但如何申请、如何发放等具体规章并没有建立，即使有的建立了，但是申请起来却极为复杂，且很难实现。

在保障性激励中，虽然有近 5 成的教师享受到学校提供的周转房或宿舍，但住房条件异常简陋，并没有规定乡村教师宿舍建设的相应标准，而教师群体的构成却较为复杂，有单身、有夫妻、有带着孩子的、有带着老人看孩子的，而宿舍条件的相对单一，居住环境的不完善，无法满足乡村教师需求。不足

10 厘米的墙体难以抵御寒冬，有的教师宿舍甚至就是学校弃用的危房，没有采取任何加固措施，就安置教师住进去，居住环境的恶劣更进一步导致住房在保障性激励中的作用形同虚设，但自古我国就有的"有恒产才有恒心"的古训在国人心目的地位和作用却是如铁律一般，这种预设与期待的差距，影响着激励的效果。

在发展性激励中，为了实现乡村教师能够"教得好"的目标，各地在不断提高乡村教师专业水平和能力上下了功夫，不断提高乡村教师培训经费，但调查结果却显示，虽然培训经费充足，但乡村教师却表示精力不足"耗不起"，主要源于乡村教师工作量偏大，跨年级授课、兼授多门课的比例非常高，近半数教师跨年级授课，近 14% 的教师跨三个以上年级授课；上两门学科的教师占 27.7%，3 门学科的占 12.7%，3 门以上的占 21.1%；与此同时，他们不仅承担教学工作，班主任还需照顾学生起居，尤其是寄宿制学校，导致教师没有时间外出参加实训。而在边远地区的教师即使有时间参加培训，但去县城仅路上的时间就需要 1~2 天，这对于工作量大、人员少、距离远的乡村学校来说非常困难。❶ 而且分层、分类培训相对较少，并没有满足不同教师的需求。

需要说明的是，我们在调查中发现，无论是补偿性激励，还是保障性激励，抑或是发展性激励，在对其指标开展差异性分析过程中，乡村教师群体之间的差异需要特别关注。群体的划分主要分为，不同年龄、不同职称、不同编制三类，每一类中对不同结构激励的满意均有群体差距，并呈现极其相似的共性。这其中，在不同年龄中，35~49 周岁的乡村教师对各种激励的满意度均值最低，35

---

❶ 中国教育科学研究院课题组 . 乡村教师队伍建设的成效与困难———一项基于中西部五省区乡村教师队伍的调查 [N]. 中国教育报，2018-7-10.

周岁以下乡村教师满意度均值最高；在不同职称中，具有二级职称的乡村教师对各种激励的满意度均值最低，未评职称乡村教师满意度均值最高，具有高级职称的乡村教师满意度均值紧随其后；在教师不同编制中，交流轮岗教师对各种激励满意度均值最低，在编教师紧随其后，也相对偏低，支教教师对各种激励满意度均值最高，聘任教师紧随其后，也相对偏高。在这些具有共性的特殊群体中，35~49周岁的乡村教师占比达到44.77%，接近半数，且他们往往是教育教学的中坚力量；他们对各种激励制度的不满意直接影响到激励效果，而从有针对性激励举措看，专门针对这一年龄段的教师更多的是压担子，却没有予以特殊的政策关照。具有二级职称的乡村教师占比达到34.44%，超过调查教师的三成，调查发现他们对于各种激励不满意的主要因素并不是对激励制度本身，而是他们在职称晋升中长期得不到满足，有的乡村教师获得二级教师职称已有15年之久，却无法正常职称晋级，影响其晋升的主要原因不是条件不够，而是名额所限。交流轮岗教师均是从县城学校交流至乡村学校，虽然政策提出自愿性，但在具体规定中有限制条件，如在晋升高级职称时教师须有乡村学校交流轮岗的必要条件，因此是一种被迫的自愿选择，这些教师对乡村教师激励制度的满意度低更多地源于城乡教师激励的差距和付出与回报的不成比例。而支教教师对各种激励满意度均值最高和聘任教师满意度均值较高，也可以说明，专业认同度和职业认可性是影响教师激励效果的重要因素，发展性激励在激励制度结构中至关重要。

二、健全乡村教师激励制度体系

基于上述陈述的乡村教师激励存在的问题，我们认为健全乡村教师激励制度体系是一个不断完善、不断丰富的过程，且需要依据"以人为本"的发展观念，以及与社会发展和社会相关制度的确认密不可分。

（一）适时调整乡村教师激励主体目标，建立服务期限制

实施近五年的《乡村教师支持计划（2015—2020 年）》在吸引优秀人才到乡村学校任教中发挥了重要作用，虽然采取一系列激励举措让乡村教师留下来依然面临一定的问题，依然有近 8 成的教师有流动的想法，乡村教师不稳定影响了乡村教师队伍建设的效果。乡村教师不稳定与我国长期的城乡二元结构和"离农"思想有密切联系，城乡差距是"离农"思想的根本，高考所实现的"鲤鱼跳农门"正是"离农"的关键时刻，而在城市接受高等教育的大学生更倾向于留在城市，再次回到乡村任教在很多时候是不得已的选择。而从政策发展来看，通过对"特岗计划"和"公费师范生"来看，都设置了必要的服务期限，其中的"公费师范生"服务期限由最初的 10 年缩短至 6 年。这种服务期限不仅没有导致乡村教师流失，反而留任的比例并没有影响。如特岗教师，截至 2018 年 9 月，2015 年全国招聘的 6.73 万名特岗教师中有 6.08 万人经考核合格自愿留任，留任率为 90.2%。❶特岗教师留任率高主要源于政策及落地效果较好，形成了

---

❶　2018 年全国特岗教师留任率超九成 [N]. 中国教育报，2019-01-18.

中央带动地方的合理机制，使得特岗教师待遇不断改善，更有较好的发展性激励予以支持。

国内国际的相关经验进一步证明，更好地留下乡村教师可采取建立乡村教师服务期限制度，针对新毕业大学生、交流轮岗教师等不同群体确立相应的乡村教育服务期限制度，服务期间享受相应的补偿性激励、保障性激励和发展性激励；服务期满后，采取自愿留任，并继续享有各种激励，对于夫妻双方均留任者，享有额外补偿性激励，对于留任达到一定年限者享有进一步补偿性激励。

（二）丰富激励要素，基于教师教育强化养成激励的精神要素，协调建构激励的关系要素

在激励要素中，不同的激励要素所采取的具体措施有一定差异，主要从以下几个方面予以完善。

完善实体要素，着重激励举措落地。实体要素中重在乡村教师工作条件、工资待遇和职称改革，从总体上看，乡村教师工作条件伴随乡村学校标准化建设得到有效改善，在未来的建设中，随着办学条件标准的提高和不断改善，与之相关的实体要素均会提高。而基于职称与工资待遇挂钩的特征，应进一步完善乡村教师职称制度改革，可将乡村教师职称单列、单独评审，缓解乡村教师职称晋升的难度，让二级教师看到职称晋升的希望，缓解二级教师消极认知因素。设立高级教师服务期限制度和相关职责制度，对于不满服务期限，调离乡村学校的，需要重新认定教师职称等级，对于不履行相关职责，撤销职称资格，缓解评完职称不作为和调离等问题。

基于教师教育强化养成激励的精神要素。在精神要素中，群体精神要素的形成，需要通过对个体精神要素的培养，最终养成集体精神要素。需要通过教师教育，强化职前教育和在职培训，对于教师专业精神、职业道德的教育和培训，在职前教育中，让学生了解当前乡村教育发展的现状，熟知有关乡村教师、乡村教育的政策举措，唤醒大学生的社会责任感和乡村情怀。在职后培训中，更需加强教师信念、教师职责和教师理想的培训，让乡村教师了解乡村教育的变化，社会发展对乡村的影响、乡村振兴带给乡村教育的益处，社会各界对乡村教师的重视，增强乡村教师的信心，以此提升乡村教师幸福感受和追求幸福的能力。与此同时，开展有针对性的乡村学校校长培训，一个好校长意味着一所好学校，乡村学校教师成长与校长密不可分，强化乡村校长职业理想、专业精神、管理能力培训，让乡村学校校长成为具有人格魅力的管理者，成为乡村教师、乡村学校、乡村教育发展的引领者和助推器。

协调构建激励的关系要素。在关系要素中，体现出激励制度运行状态，包含着人员之间、事物之间、人与事物之间所做出的各种规定或约定，如乡村教师激励的方针政策，以及各种激励相关的规章、制度等。在这些关系要素中，从中央到地方、到学校，需要在国家统一的方针和计划的指导下，且适合地方举措，适合学校发展和需要，这就需要政策从上到下的一致性。而在乡村教师内部，也应建立起针对不同群体乡村教师的激励措施，在这一过程中，应注重协调性，在合理差距的基础上，有效、协调实施具体激励措施，实现真正意义上的公平公正。在省际、区域差距上，中央发挥主导作用，平衡差距，加大对中西部投入，加大对贫困、边远地区乡村教师扶持，以此带动地方，让最边远、最贫困地区的乡村教师享受政策红利的初衷得到有效落实。

（三）不断完善乡村教师激励结构

我们构建的乡村教师激励结构包括补偿性激励、保障性激励和发展激励，不同类型的激励类型，需要采取不同的完善方式。

不断推进补偿性激励的公平性。补偿性激励就是对服务于相对发展滞后、在其他教师享受较好的工作环境和工资待遇时需要付出更多辛苦的一种真正公平的激励，即让多劳者、付出多者多得。一方面需要将补偿性激励的生活补贴、交通补贴，以及政策所提及的救助等举措进一步细化，形成可操作、可执行、可持续的规章细则；另一方面基于经济发展状况，不断调整补偿性激励水平，尤其针对教学点教师、贫困、边远地区乡村教师，给予更高的补偿性激励，让他们切实享受到政策红利，让补偿性激励真正起到激励效果。

不断提高保障性激励的标准性。保障性激励重点在于保障乡村教师的教学、生活等需要的满足和不断提高。其中教学环境和工作环境的改善基于乡村学校办学标准建立，并通过提高标准予以改善。给予乡村教师的专业发展提供更好的机会和条件，可通过设置项目或者与其他高校合作为教师提供更多的培训和学习的机会，提供更多的合作与交流的时间，为教师工作提供更好的硬件方面的资源和条件。生活需要中，主要通过教师工资待遇予以实施保障，这就需要切实落实政策规定且一再强调的"不低于公务员工资"的政策要求，而乡村教师自身对于工资待遇的期待也会因政策落地对乡村教师有重要意义和影响。调查显示，近四成乡村教师期望未来五年教师工资高于同等资历下公务员工资。因此，切实落实乡村教师工资不低于或高于公务员工资是保障性激励的重要要素。在乡村教师住房保障中，地方政府可建立给予乡村教师住房贷款优惠制度，建立乡村教师周转房标准和乡村教师宿舍标准，尤其对不同群体乡村教师，应采用不同的单身宿舍标准、家庭宿舍标准，以满足乡村教师住房需求，并随着经济发展和环境变化，适时提高住房标准，为乡村教师创造良好的环境。

不断实现发展性激励的一致性。发展性激励主要在于激励主体目标与激励客体需求达成一致，即在组织得到发展的同时，满足个人需要，实现双赢，这有利于实现激励效果。因此，发展性激励需要建立全方位的、满足各类需求的激励体系，如针对职前师范生而言，应加强建立师范院校与乡村学校的联系，组织学生到当地乡村学校参观、学习，与当地教师进行交流；鼓励学生回自己的家乡实习，感受家乡与母校的变化与发展，站在不同于学生时代的视角去反观家乡的教育发展状况，加强乡村文明建设教育，使学生在校期间能够更好地理解乡村文明，为重建乡村文明打下根基。针对在职教师，尤其是 35~49 周岁的教师，应建立专门的激励制度，加强职业成长周期引领，鼓励其成为卓越教师，如选拔这一年龄段的教师强化培训，为其成为卓越教师铺路搭桥。对于能有效满足村民需求和自身有更高需求的教师，建立乡村教师融入乡村振兴的"旋转门"，在公务员招考录入中给予相应优惠政策，更好地实现职业理想和服务社会。

乡村教师激励需要社会大环境，需要各界对乡村教师的认可和关怀，需要媒体对乡村教师宣传；需要教育的小环境，需要家庭和家长对乡村教师的理解和信任，也需要乡村教师的不懈努力，赢得社会的尊重，成为德福一致的、配享幸福的人民教师。

参考文献

[1] 教育部教师工作司组. 筑梦乡村讲台奠基民族未来 [M]. 上海：上海交通大学出版社，2016：231.

[2] 李泓冰. 拨亮乡村教师这盏文明之灯 [N]. 人民日报，2015-04-07.

[3] 高慧斌. 城镇化进程中如何留住农村教师 [N]. 中国教育报，2014-12-26.

[4] 高慧斌. 向乡村教师精准倾斜路在何方 [N]. 中国教育报，2016-04-21.

[5] 高慧斌. 乡村教师队伍建设喜忧参半 [J]. 中国民族教育，2016（12）：61.

[6] 高慧斌. 提高乡村教师远程培训获得感——一项基于乡村教师远程培训效果及影响因素的调查分析 [N]. 中国教育报，2018-01-04.

[7] 高慧斌. 乡村教师职称（职务）评聘制度演变及改革策略 [J]. 当代教育科学，2017（1）：17-21.

[8] 中国教育科学研究院课题组. 乡村教师队伍建设的成效与困难——一项基于中西部五省区乡村教师队伍的调查 [N]. 中国教育报，2018-07-10.

[9] 施文龙，吴志宏. 中学教师的需要现状和中学管理的激励策略研究 [J]. 教育理论与实践，2001（2）：17-21.

[10] 高洪源. 知识管理与教师激励 [J]. 中国教师，2007（1）：4-7.

[11] 丁晶. 基于素质教育的中小学教师激励机制研究 [J]. 基础教育研究，2018（16）：7-8.

[12] 夏雪，杨跃. 新世纪以来我国中小学教师激励研究的文献计量分析 [J]. 亚太教育，2015

（29）：235-236.

[13]　罗明丽．中小学教师激励问题与对策研究 [J]．科技广场，2008（11）：155-156.

[14]　周兆海，邬志辉．教师激励的理念转向与策略优化 [J]．教育科学，2019（1）：63-67.

[15]　安雪慧，刘明兴，李小土．农村教师评价体制变革中的教师激励机制 [J]．中国教育学刊，
　　　2009（10）：1-4.

[16]　李小土，刘明兴，安雪慧．"以县为主"背景下的西部农村教育人事体制和教师激励
　　　机制 [J]．教师教育研究，2010（3）：49-55.

[17]　吉同权．农村中小学教师激励策略研究 [D]．重庆：西南大学，2008.

[18]　王慧．以人为本的农村中学教师激励机制的建构 [D]．成都：四川师范大学，2010.

[19]　王炳坤．农村中小学教师激励研究 [D]．长沙：湖南师范大学，2008.

[20]　曾小娟．农村中小学教师人力资源开发调查研究 [D]．长沙：湖南师范大学，2009.

[21]　邵丹．农村中小学教师激励机制问题研究 [J]．学周刊，2015（31）：193.

[22]　范先佐．乡村教育发展的根本问题 [J]．华中师范大学学报，2015（5）：146-154.

[23]　袁桂林．没有待遇的提高就谈不上尊重 [N]．中国教师报，2015-04-08.

[24]　郑新蓉，王成龙，熊和妮．中国新生代乡村教师调查 [N]．中国教师报，2015-9-9.

[25]　陈如平．除了鲜花掌声，我们怎样感谢乡村教师 [N]．中国教育报，2014-03-24.

[26]　储朝晖．保障尊严是给乡村教师最美礼物 [N]．中国教育报，2015-09-11.

[27]　熊丙奇．提高乡村教师待遇不能只靠县财政 [N]．中国青年报，2016-07-13.

[28]　刘善槐，李梦琢，朱秀红．乡村教师综合待遇的劳动定价、差异补偿与微观激励研究 [J]．
　　　东北师范大学学报（哲学社会科学版），2018（4）：183-189.

[29]　顾明远．乡土文明繁荣关键在乡村教师 [N]．中国教师报，2015-12-30.

[30]　邬志辉．让乡村教师职业"香"起来 [N]．中国教育报，2014-10-21.

[31]　唐松林．理想的寂灭与复燃：重新发现乡村教师 [J]．中国教育学刊，2012（7）：28-31.

[32] 王鉴，苏杭.略论乡村教师队伍建设中的"标本兼治"政策[J].教师教育研究，2017（1）：29-34.

[33] 赵鑫.民族地区乡村教师职业吸引力提升的理念与路径[J].教育研究，2019（1）：131-140.

[34] 左小娟，刘兴凯.提升乡村教师职业吸引力的激励措施研究——基于ERG激励理论视角[J].教育导刊，2016（7）：75-77.

[35] 容中逵.他者规训异化与自我迷失下的乡村教师——论乡村教师的身份认同危机问题[J].教育学报，2009（5）：83-88.

[36] 唐松林，丁璐.论乡村教师作为乡村知识分子身份的式微[J].湖南师范大学教育科学学报，2013（1）：52-56.

[37] 赵鑫.镇化进程中乡村教师乡土情感的缺失与重塑[J].西南大学学报，2016（2）：90-96.

[38] 李金奇.农村教师的身份认同状况及其思考[J].教育研究，2011（11）：34-38.

[39] 张洪萍.基于成长需要的湖南省乡村教师激励机制的现状与对策[J].湖南第一师范学院学报，2018（6）：53-60.

[40] 张楠.农村中小学教师激励机制存在问题与对策的研究[J].课程教育研究，2012（8）：115-116.

[41] 彭冬萍，曾素林.社会人视角下乡村教师激励之可能与可为[J].教育理论与实践，2018（16）：35-39.

[42] 王鉴，苏杭.略论乡村教师队伍建设中的"标本兼治"政策[J].教师教育研究，2017（1）：29-34.

[43] 朱兴国.认同感：乡村教师职业坚守的内力[J].教育评论，2016（4）：13-16.

[44] 付淑琼.美国州政府的农村教师保障政策研究[J].比较教育研究，2012（2）：65-69.

[45] 郭贵周 . 美国农村教师短缺困境及其补充策略 [J]. 比较教育研究，2012（6）：87-91.

[46] 彭丽媛 . 21 世纪初美国农村学校师资保障策略研究 [D]. 北京：首都师范大学，2013.

[47] MIGLIACCIO, MURPHY. Do regional associations meet the career needs of teacher-scholars？[J]. The American Sociologists, 2014, 45（2）：274- 291.

[48] 闻竞 . 日本乡村教师的师资保障机制 [N]. 学习时报，2015-12-24.

[49] 乔雪峰，杨佳露，卢乃桂 . 澳大利亚乡村教师支持路径转变：从"不足模式"到"拟合模式"[J]. 比较教育研究，2018（5）：26-32.

[50] 刘楠，肖甦 . 21 世纪以来俄罗斯推动义务教育城乡均衡发展的政策述评 [J]. 比较教育研究，2011（8）：70-74.

[51] CROSS, MURPHY. A new canadian teacher education programme for rural teachers [EB/OL].（2017-05-13）[2019-11-01]. http：//.les.eric.ed.gov/fulltext/ED302377.pdf.

[52] MURPHY, CROSS. Preparing teachers for rural schools：a canadian approach [J]. Rural Educator, 1990, 11（3）：10-11.

[53] SINAGATULLIN. Expectant times：rural education in russia [J]. Educational Review, 2001, 53（1）：37-45.

[54] RAMIS, OLGA, NUR-GALI. Rural school as a resource for the intellectual and labour potential formation of the rural society [J]. International Journal of Environmental and Science Education, 2016, 11（3）：119- 128.

[55] 李静美，邬志辉 . 乡村教师补充策略的国际经验与启示 [J]. 比较教育研究，2018（5）:3-12.

[56] 付建军 . 美国农村教师队伍建设的现状、路径和启示 [J]. 当代教育科学，2011（11）：35-37.

[57] 谢艺泉 . 澳大利亚乡村教师职前培养改革：动因、策略及启示 [J]. 外国教育研究，2018（9）：43-56.

[58]　霍桑. 发现人际关系作用 [J]. 人力资源，2014（8）：89.

[59]　何天奇. 霍桑实验的启示 [J]. 文史哲，1989（2）：11-14.

[60]　马斯洛. 动机与人格 [M]. 许金声，等，译. 北京：中国人民大学出版社，2015：19-30.

[61]　孙耀君. 西方管理学名著提要 [M]. 南昌：江西人民出版社，2001：130-133.

[62]　于琛，宋凤宁，宋书文. 教育组织行为学 [M]. 北京：北京师范大学出版社，2009：139.

[63]　萧浩辉. 决策科学辞典 [M]. 北京：人民出版社，1995：73-74.

[64]　陈抒忆. 基于专业成长的高校青年教师激励措施探讨 [J]. 淮海工学院学报（人文社会科学版），2013（11）：135-137.

[65]　关力. 麦克利兰和阿特金森及其成就需要理论 [J]. 管理现代化，1988（1）：48-49.

[66]　邓蓉敬，陈宏彩. 戴维·麦克利兰：成就激励大师 [N]. 学习时报，2013-04-08（6）.

[67]　赫茨伯格，莫斯纳，思奈德曼. 赫茨伯格的双因素理论 [M]. 张湛，译. 北京：中国人民大学出版社，2016：65-90.

[68]　孙耀君. 西方管理学名著提要 [M]. 南昌：江西人民出版社，2001：140.

[69]　郑新蓉，王成龙，熊和妮. 中国新生代乡村教师调查 [N]. 中国教师报，2015-9-9.

[70]　郑新蓉，王成龙，佟彤. 我国新生代乡村教师城市化特征研究 [J]. 河北师范大学学报（教

[71]　孙永正. 管理学 [M]. 北京：清华大学出版社，2007.

[72]　孙耀君. 西方管理学名著提要 [M]. 南昌：江西人民出版社，2001：226.

[73]　杨秀君. 目标设置理论研究综述 [J]. 心理科学，2002（1）：153-155.

[74]　汪罗. 亚当斯：公平理论的创始人 [J]. 当代电力文化，2015（9）：88-89.

[75]　张芙华. 波特—劳勒综合激励理论的管理启示 [J]. 社会科学辑刊，2004（1）：158-161.

[76]　朱德友. 高校教师激励机制研究 [D]. 武汉：武汉大学，2010（1）.

[77]　唐纳利，等. 管理学基础 [M]. 北京：中国人民大学出版社，1982：195.

[78] 刘彦伯 . 专业组织激励制度之研究 [D]. 台北：国立中正大学企业管理研所，1993.

[79] 苏东水 . 管理心理学 [M]. 上海：复旦大学出版社，2002：221.

[80] 俞文钊 . 现代激励理论与应用 [M]. 大连：东北财经大学出版社，2015：2.

[81] 梅传声，申来津 . 激励：动机的现实化和对象化 [J]. 学术交流 2004（9）：32-34.

[82] 刘亚军 . 需要动机激励——试论行为科学与思想政治工作的结合 [J]. 武汉交通科技大学学报（社会科学版），2000（2）：61-64.

[83] 诺思 . 制度、制度变迁与经济绩效 [M]. 杭行，译 . 上海：上海人民出版社，2008：3.

[84] 沈壮海 . 思想政治教育有效性研究 [M]. 武汉：武汉大学出版社，2001：67.

[85] 关于转发教育部等部门教育部直属师范大学师范生公费教育实施办法的通知 [EB/OL].（2006-08-25）[2019-06-13]. http：//www.moe.gov.cn/jyb_xxgk/moe_1777/moe_1778/201808/t20180810_345023.html.

[86] 初中专任教师专业技术职务、年龄结构情况 [EB/OL].（2006-08-25）[2019-06-13]. http：//www.moe.gov.cn/s78/A03/moe_560/jytjsj_2017/qg/201808/t20180808_344729.html.

[87] 王献玲 . 中国民办教师始末研究 [D]. 杭州：浙江大学，2005：1.

[88] 刘英杰 . 中国教育大事典（1949—1990 年）[M]. 杭州：浙江教育出版社，1993：681-683.

[89] 何东昌 . 中华人民共和国重要教育文献（1976—1990）[M]. 海口：海南出版社，1998：1877-1879.

[90] 何东昌 . 中华人民共和国重要教育文献（1949—1975）[M]. 海口：海南出版社，1998：957.

[91] 何东昌 . 中华人民共和国重要教育文献（1993—1997）[M]. 海口：海南出版社，1998：3574-3575.

[92] 乡村教师工资何日不再拖欠 [J]. 瞭望新闻周刊，2000（20）：49-51.

[93] 靳晓燕 . 教师队伍建设取得突出成就 [N]. 光明日报，2017-09-03（4）.

[94] 中共中央、国务院关于加快发展现代农业进一步增强农村发展活力的若干意见.
[EB/OL].（2013-01-25）[2019-06-13]. http：//www.gov.cn/gongbao/content/2013/
content_2332767.htm.

[95] 柯进.教育扶贫行动纪实：打响贫困代际传递"阻击战"[N].中国教育报，2015-09-15.

[96] 关于实施连片特殊困难地区乡村义务教育学校及其他地区教学点教师生活补助计划
的 通 知 [EB/OL].（2013-09-12）[2019-06-13]. http：//www.moe.gov.cn/jyb_xwfb/xw_zt/
moe_357/s7093/s7777/s7823/s7781/201405/t20140528_169522.html.

[97] 关于2018年乡村教师生活补助实施情况的通报[EB/OL].（2019-04-04）[2019-07-26].
http：//www.moe.gov.cn/srcsite/A10/s7030/201904/t20190404_376664.html.

[98] 北京市乡村教师支持计划（2015—2020年）实施办法[EB/OL].（2016-01-26）[2019-06-14].
http：//www.moe.gov.cn/jyb_xwfb/xw_zt/moe_357/jyzt_2015nztzl/2015_zt17/15zt17_
gdssbf/gdssbf_bj/201601/t20160126_228896.html.

[99] 关于印发《北京市乡村教师岗位生活补助发放办法的补充办法》的通知[EB/OL].（2016-
10-31）[2019-06-14]. http：//www.beijing.gov.cn/zhengce/wenjian/192/33/50/438650/87031/
index.html.

[100] 安徽省太和县"五个围绕"强化乡村教师队伍建设[EB/OL].（2018-11-22）[2019-06-14].
http：//www.moe.gov.cn/jyb_xwfb/s6192/s222/moe_1743/201811/t20181122_361069.html.

[101] 储朝晖.乡村教师需更系统实在的激励[N].中国教育报，2016-03-01（2）.

[102] 教师队伍建设典型工作案例四：关爱教师基金创新工作案例[EB/OL].（2017-09-01）
[2019-06-14]. http：//www.moe.gov.cn/jyb_xwfb/xw_fbh/moe_2069/xwfbh_2017n/
xwfb_20170901/sfcl_20170901/201709/t20170901_312867.html.

[103] 河北奖励270名优秀乡村教师[EB/OL].（2017-02-27）[2019-06-14]. https：//www.
minshengwang.com/jiaoyu/386640.html.

[104] 关于实施 2019 年乡村优秀青年教师培养奖励计划的通知 [EB/OL].（2019-04-09）[2019-
07-26]. http：//www.moe.gov.cn/s78/A10/A10_gggs/s8471/201904/t20190409_377150.html.

[105] 刘英杰. 中国教育大事典（1949—1990 年）[M]. 杭州：浙江教育出版社，1993：681-683.

[106] 王献玲. 中国民办教师始末研究 [D]. 杭州：浙江大学，2005：7-8.

[107] 转发中央编办、教育部、财政部关于制定中小学教职工编制标准意见的通知 [EB/
OL].（2010-01-29）[2019-06-19]. http：//www.moe.gov.cn/jyb_xxgk/moe_1777/
moe_1778/201001/t20100129_180778.html.

[108] 关于统一城乡中小学教职工编制标准的通知 [EB/OL].（2014-12-09）[2019-06-19].
http：//www.moe.edu.cn/s78/A10/A10_gggs/s8471/201412/t20141209_181014.html.

[109] 关于全面加强乡村小规模学校和乡镇寄宿制学校建设的指导意见 [EB/OL].（2018-05-02）
[2019-06-19]. http：//www.gov.cn/zhengce/content/2018-05/02/content_5287465.htm.

[110] 江西提高"三支一扶"人员待遇 [J]. 中国大学生就业，2016（19）：32.

[111] 教育部等五部门关于印发《边远贫困地区、边疆民族地区和革命老区人才支持计划教
师专项计划实施方案》的通知 [EB/OL].（2013-01-09）[2019-07-26]. http：//old.moe.
gov.cn//public.les/business/html.les/moe/s7046/201301/xxgk_146349.html.

[112] 关于政协十三届全国委员会第一次会议第 2474 号（教育类 243 号）提案答复的函
[EB/OL].（2019-01-30）[2019-07-26]. http：//www.moe.gov.cn/jyb_xxgk/xxgk_jyta/jyta_
jiaoshisi/201901/t20190130_368583.html.

[113] 关于印发《银龄讲学计划实施方案》的通知 [EB/OL].（2018-07-19）[2019-07-26].
http：//www.moe.gov.cn/srcsite/A10/s7151/201807/t20180719_343448.html.

[114] 中共中央关于教育体制改革的决定 [EB/OL].（1985-05-27）[2019-06-19]. http：//www.
moe.edu.cn/public.les/business/html.les/moe/moe_177/200407/2482.html.

[115] 高慧斌. 中小学教师职称制度改革特征与现状分析 [J] 教师教育研究，2016（11）：25-31.

[116] 关于印发《〈事业单位岗位设置管理试行办法〉实施意见》的通知 [EB/OL].（2006-11-17）
[2019-06-19]. http：//www.gov.cn/zwgk/2006-11/17/content_445979.htm.

[117] 关于印发《石家庄市乡村教师支持计划（2016—2020 年）实施办法》的通知 [EB/OL].
（2017-06-02）[2019-06-27]. http：//www.sjz.gov.cn/col/1490952424710/2017/06/02/14963
68966214.html.

[118] 关于印发《长沙市乡村教师支持计划（2016—2020 年）实施细则》的通知 [EB/OL].
（2016-09-02）[2019-06-27]. http：//www.changsha.gov.cn/xxgk/szfxxgkml/zfgb/2016zf/
201601_33825/201609/t20160902_995094.html.

[119] 印发关于加强全市乡村教师队伍建设实施方案的通知 [EB/OL].（2016-10-12）
[2019-06-27]. http：//www.wh.gov.cn/hbgovinfo/zwgk/szfxxgkml/fggw/bgtwj/201610/
t20161012_89409.html.

[120] 关于全面深化新时代教师队伍建设改革的实施意见新闻发布会 [EB/OL].（2019-05-17）
[2019-06-27]. https：//www.henan.gov.cn/2019/05-17/793823.html.

[121] 福建省人民政府关于全面深化新时代教师队伍建设改革的实施意见 [EB/OL].（2018-
10-18）[2019-06-27]. http：//www.moe.gov.cn/jyb_xwfb/xw_zt/moe_357/jyzt_2018n/2018_
zt03/zt1803_ls/201810/t20181018_352009.html.

[122] 新疆维吾尔自治区人民政府关于全面深化新时代教师队伍建设改革的实施意见 [EB/
OL].（2018-10-30）[2019-06-27]. http：//www.moe.gov.cn/jyb_xwfb/xw_zt/moe_357/
jyzt_2018n/2018_zt03/zt1803_ls/201810/t20181030_353164.html.

[123] 内蒙古自治区人民政府关于全面深化新时代教师队伍建设改革的实施意见
[EB/OL].（2018-10-30）[2019-06-27]. http：//www.moe.gov.cn/jyb_xwfb/xw_zt/moe_357/
jyzt_2018n/2018_zt03/zt1803_ls/201810/t20181030_353162.html.

[124] 朱旭东 . 中国教师荣誉制度研究 [M]. 北京：北京师范大学出版社，2013：159.

[125] 马克思.青年在选择职业时的思考 //[M] 马克思恩格斯全集：40 卷.北京：人民出版社，1970：7.

[126] 檀传宝.教师伦理学专题 [M].北京：北京师范大学出版社，2003：45.

[127] 乔雪峰，杨佳露，卢乃桂.澳大利亚乡村教师支持路径转变：从"不足模式"到"拟合模式"[J].比较教育研究，2018（5）：26-32.

[128] NUGENT，et al. Rural education research in the United States [M]. Switzerland：Springer International Publishing，2017：3.

[129] 施莱克尔.建设高质量的教师专业 [M].孔令帅，等，译.北京：北京大学出版社，2014:3.

[130] BARLEY，BRIGHAM. Preparing teachers to teach in rural schools [R]. Washington，DC：U.S. Department of Education，Institute of Education Sciences，National Center for Education Evaluation and Regional Assistance. Regional Educational Laboratory Central，2008：9.

[131] 李祖祥.美国农村教师职后教育的新动向 [J].外国教育研究，2010（1）：85.

[132] U.S. DEPARTMENT OF EDUCATION. National center for education statistics，teacher follow-up survey（TFS）（1998—2013）[EB/OL].（2013-12-30）[2019-07-11]. https：// nces.ed.gov/surveys/sass/.

[133] DEFEO，et al. The cost of teacher turnover in alaska [R]. AK：University of Alaska Anchorage Center for Alaska Education Policy Research，2017：1.

[134] HICKLING-HUDSON，AHLQUIST. Teachers as "two-year tourists" in an Australian State school for aboriginal students：dilemmas of curriculum，agency and teacher preparation [J]. Journal of Postcolonial Education，2004（1）：67-88.

[135] TRINIDAD S，SHARPLIN E，LEDGER S，et al. Connecting for innovation：four universities collaboratively preparing preservice teachers to teach in rural and remote Western Australia [J]. Journal of Research in Rural Education，2014（2）：1-13.

[136] TRINIDAD S, BROADLEY T, TERRY E, et al. Going bush : preparing pre-service teachers to teach in regional western australia [J]. Australian Journal of Rural Health, 2012, (1): 39-56.

[137] KLINE J, WHITE S, LOCK G. The rural practicum : preparing a quality teacher workforce for rural and regional Australia [J]. Journal of Research in Rural Education, 2013, (3):1-13.

[138] 海波. 俄罗斯提高农村教师职业素质的策略与启示 [J]. 外国教育研究, 2008 (3): 39-43.

[139] JOHNSON J, et al. Why rural matters 2013—2014 : The condition of rural education in the 50 states. [EB/OL]. (2014-05-19) [2019-07-22]. http : //www.ruraledu.org/user_up-loads/. le/2013-14-Why-Rural-Matters.pdf.

[140] 田静, 王凌. 美国农村高素质师资短缺的原因及对策 [J]. 基础教育参考, 2004 (5): 12-15.

[141] 王艳红, 李雅君. 俄罗斯农村学校的现状与改革 [J]. 教育评论, 2013 (3): 165-167.

[142] BARROW L H, BURCHETT B M. Needs of Missouri rural secondary science teachers [J]. Rural Educator, 2000 (2): 14-19.

[143] GUíIANOVA M P. A typology of the rural schools of Russia [J]. Russian Education and Society, 2006 (4): 58-74.

[144] BEUTEL D, ADIE L. Promoting rural and remote teacher education in Australia through the over the Hill project [J]. International Journal of Learning, 2011 (2): 377-388.

[145] TRINIDAD S. Connecting for innovation : Four universities collaboratively preparing preservice teachers to teach in rural and remote Western Australia [J]. Journal of Research in Rural Education, 2014, (2): 1-13.

[146] WHITE S. Placing Teachers? Sustaining rural schooling through place-consciousness in teacher education [J]. Journal of Research in Rural Education, 2008, (7): 1-11.

[147] SINAGATULLIN. Expectant Times : rural education in russia [J]. Educational Review,
2001（1）: 37- 44.

[148] 付淑琼，张家雯. 为农村准备教师：澳大利亚政府的系列项目研究 [J]. 教师教育研究，
2015（4）: 106-112.

[149] LOEB S, BETEILLE T. Teacher quality and teacher labor markets[EB/OL].（2018-03-06）
[2019-07-22].https : //cepa.stanford.edu/content/teacher-quality-and-teacher-labor-markets.

[150] ADAMSON F，HAMMOND L D. Funding disparities and the inequitable distribution of
teachers : evaluating sources and solutions [J]. Education Policy Analysis Archives, 2012
（37）: 1-46.

[151] B LATTERMAN K，STIFFES S. Tackling teacher and prin-cipal shortages in rural areas
[EB/OL].（2017-02-05）[2019-07-22]. http : //www.ncsl.org/documents/legisbriefs/2017/
lb_2540.pdf.CA 2016 p67.

[152] 姜英敏. 韩国基础教育教师职业吸引力保障制度分析 [J]. 比较教育研究，2012（8）:
25-29.

[153] 乔雪峰，杨佳露，卢乃桂. 澳大利亚乡村教师支持路径转变：从"不足模式"到"拟
合模式"[J]. 比较教育研究，2018（5）: 26-32.

[154] MARANTO，ROBERT，SHULS, et al. How do we get them on the farm? Efforts to
improve rural teacher recruitment and retention in arkansas [J]. The Rural Educator, 2012,
（1）: 32-40.

[155] 刘丽群. 乡村教师如何"下得去"和"留得住"：美国经验与中国启示 [J]. 教师教育研究，
2019（1）: 120-127.

[156] ADAMS B L，WOODS A. A model for recruiting and re-taining teachers in Alaska's rural
K-12 schools [J]. Peabody Journal of Education, 2015（2）: 250-262.

[157] ROBERTS. Sta.ng an empty schoolhouse：attracting and retaining teachers in rural，remote and isolated communities [EB/OL].（2004-09）[2019-07-25]. http：//.les.eric.ed.gov/ fulltext/ED507343.pdf.

[158] JIMERSON. The competitive disadvantage：Teacher compensation in rural America [R]. Washington DC：Rural School and Community Trust，2003.

[159] Virginia teaching scholarship loan program [EB/OL].（2017-09-15）[2019-07-25]. http：//www.doe.virginia.gov/teaching/.nancial_support/virginia-teaching-scholarship-loan-program/.

[160] 白治堂，方彤. 美国中部地区教师教育机构农村师资问题的解决策略 [J]. 外国教育研究，2009（4）：83-87.

[161] Preparing teachers for rural and regional settings：the RRRTEC project [EB/OL].（2011-09-16）[2019-07-25]. http：//www.curriculum.edu.au/leader/the_rrrtec_project，33881.html?issue ID=12471.

[162] LOCK. Preparing teachers for rural appointments：lessons from Australia [J]. The Rural Educator，2008（2）：24-30.

[163] RONFELDT M，MCQUEEN K. Does new teacher induc-tion really improve retention? [J]. Journal of Teacher Ed-ucation，2017（4）：394-410.

[164] Support from the start：a 50-state review of policies on new educator induction and mentoring [EB/OL].（2018-07-25）[2019-07-22]. https：//newteachercenter.org/wp-content-/uploads/2016Complete Report State Policies.pdf.

[165] 2018 年全国特岗教师留任率超九成 [N]. 中国教育报，2019-01-18.